La rose noire

5 récits du Moyen Âge

La rose noire

5 récits du Moyen Âge

AUBERT & CAVALI
ÉVELYNE BRISOU-PELLEN
CHRISTIAN GRENIER
JEAN MOLLA
ALAIN SURGET

RAGEOT

Couverture et illustrations de Jame's Prunier.

Une première édition de ces récits a paru dans *La danse des maudits*.

Cet ouvrage a été imprimé sur un papier issu de forêts gérées durablement, de sources contrôlées.

Relecture historique et linguistique effectuée par Pierre Cordier.

ISBN 978-2-7002-5448-8
ISSN 1951-5758

SOMMAIRE

La rose noire

Alain Surget

En celi temps de 1252,
sous le règne du bon roi saint Louis…

D'une senteur à l'autre

La Sans-Pareille s'étira avec une mine réjouie. À cet instant, le soleil qui pénétrait à flots par la fenêtre ouverte étalait ses rayons sur sa peau nue. Elle tendit la main, comme pour saisir la lumière, et se prit à rêver qu'elle tenait tous les hommes de Foix dans le creux de sa paume. Nombreux étaient ses amants, mais elle n'avait rien de commun avec ces ponettes[1] des rues ni avec ces catins que l'on rencontrait aux étuves et qui vendaient une extase à trois deniers.

Elle, la Sans-Pareille, procurait une seconde vie à ses galants. Souvent bourgeois, toujours

1. Jeunes filles.

mariés – les damoiseaux couraient se déniaiser au bordeau –, ils étaient devenus ses fidèles, montrant une rare assiduité à frapper à sa porte. Ils lui confiaient leurs ennuis, leurs projets, leur exaltation ou leur désir de vengeance, si bien que la belle était au courant de la plupart des secrets de la ville.

La Sans-Pareille se leva, se plaça à la fenêtre de façon à voir sans être vue. Le commerce de ses faveurs lui avait permis d'avoir pignon sur rue, non loin de l'abbatiale Saint-Volusien d'où s'envolait, dès l'aube, le chant des moines. Elle caressa les maisons du regard, sourit en imaginant les épouses délaissées user leur vie en travaux de broderie. Un bruit de rixe monta soudain de la rue. Deux charretiers se faisaient face dans leur carriole, et pas un ne voulait céder le passage. La Sans-Pareille referma la fenêtre.

– L'eau est prête, annonça une voix dans son dos.

Elle se retourna. Une jeune fille attendait, une éponge et un flacon d'huile parfumée à la main.

– N'oublie pas de m'appeler dame Émeline ! la sermonna sa maîtresse. J'ai droit à ce titre, avec tout ce que je fais pour la gent à chausses.

La bachelette[1] baissa la tête et marmonna un « Oui, dame Émeline ». La Sans-Pareille pénétra dans un réduit où trônait un baquet d'eau

1. Jeune fille.

fumante. Elle tâta l'eau de son orteil, trempa son pied, puis se laissa glisser dans son bain.

– Va me chercher la pomme à mettre senteur qu'Estienne Boileau, le maître cordonnier, m'a donnée en sortant. Elle est posée sur le coffre à vêtements.

– Vous ne saurez bientôt plus où ranger vos bijoux. Vous en possédez une telle foison.

– J'aime me parer de joyaux, comme une rose de son parfum. Le contact de l'or sur ma peau me procure grande volupté... Allons, ne me fais pas attendre !

La servante sortit et revint aussitôt avec un écrin.

– Prends le collier et attache-le à mon cou !

– Il sent fort, remarqua la jeune fille comme elle saisissait la chaînette au bout de laquelle pendait une pomme dorée percée de trous. Je n'ai jamais rien humé de pareil.

– De l'endroit d'où tu sors, ma pauvre Anieuse, tu n'as dû renifler que des effluves de cochons. C'est même heureux qu'on ait pensé à t'affubler d'un nom. Estienne a su trouver des herbes qui embaument et ravissent les sens, poursuivit la Sans-Pareille en changeant de ton. Des plantes rares d'Égypte ou d'Orient. Pas étonnant qu'elles te soient inconnues.

Elle releva ses cheveux pour permettre à Anieuse de boucler le fermoir.

– Laisse-moi à présent ! J'ai besoin de me détendre avant l'arrivée de Thibault l'Oiseleur. Je t'appellerai quand l'eau sera tiède ou quand j'aurai décidé de me faire oindre.

Assise dans son bain, la Sans-Pareille respira profondément les senteurs mystérieuses que diffusait le collier. Des senteurs suaves, capiteuses, portant à la langueur comme au désir. Elle ferma les yeux, se laissa envahir par une douce indolence. Son esprit s'engourdit, ses membres s'amollirent, sa tête s'inclina sur sa poitrine. Tout à coup elle eut un hoquet qui la redressa. Elle roula des yeux exorbités, ouvrit la bouche pour respirer, mais l'air n'arrivait plus à ses poumons. Elle se leva alors à demi, retomba et s'affaissa en avant, le visage dans l'eau. La Sans-Pareille ne bougea plus. Un bras hors du baquet, la tête sur les genoux, elle donnait l'impression de chercher quelque chose au fond de l'eau. C'est du moins ce que crut Anieuse lorsque, intriguée par le long silence de sa maîtresse, elle retourna dans le réduit... avant de constater que dame Émeline était morte.

Au même instant, dans la demeure au-dessus de son échoppe, Estienne Boileau remettait un cadeau à sa femme pour fêter leurs vingt ans de mariage.

– C'est une pomme à mettre senteur ! s'exclama-t-elle en ouvrant l'écrin, ébahie et ravie à la fois.

Estienne sourit. D'abord parce qu'il s'assurait ainsi de la bonne humeur de son épouse si prompte aux réprimandes, à la grogne et à la jalousie, ensuite parce qu'il se félicitait encore d'avoir obtenu à bon prix deux colliers identiques : l'un pour la plaisante Émeline, l'autre pour Isabeaude, sa carogne de femme.

– Je ne peux pas porter le collier avec ça, se désola-t-elle en refermant l'écrin et en tirant sur son sous-vêtement à longues manches qui servait de robe d'intérieur. Je suis trop mal atournée. Je vais enfiler un surcot et nouer mes cheveux en chignon avec des nattes postiches. Toi, dis à Tassine de ranger ma broderie, je n'y toucherai plus aujourd'hui. Qu'elle prépare ensuite des pâtés avec du bœuf haché et des raisins secs, et qu'elle n'oublie pas d'ajouter de l'eau de rose au ragoût, dans les pâtisseries et dans la boisson ! Je veux me souvenir de ce jour comme de celui de nos noces, car c'est la première fois, depuis, que tu m'offres un tel bijou. Et pourtant tu sais combien j'aime les joyaux ! Ils m'embellissent, me…

– Ma mie, répondit Estienne en se dandinant, plus le cadeau est rare, plus il a de la valeur. Il est connu que notre comte Roger-Bernard ne prodigue pas plus de largesses à sa dame.

– Il est connu pour être un pingre, un serre-bourse, un pisse-vinaigre, un…

Son mari coupa court au persiflage d'un geste de la main, puis il alla quérir leur servante Tassine, occupée à placer des coussines[1] de lavande et de violette entre les piles de draps pour les imprégner de délicates odeurs.

Isabeaude s'enferma dans sa chambre, retira sa chemise bridée sur le ventre et les reins, et se cala devant son miroir. Elle se badigeonna le visage avec du safran, à l'instar des élégantes ; après quoi elle s'admira pour juger de l'effet obtenu.

– Avec ce teint, mon bliaud rouge fera merveille… Pourvu qu'il m'aille encore !

Elle enfila une longue tunique en velours cramoisi, rentra le ventre et allongea le cou pour parfaire sa silhouette.

– Je me plais, décréta-t-elle en se rasseyant devant son miroir.

Elle fixa des postiches blonds à ses cheveux, les noua en un volumineux chignon, puis elle ouvrit l'écrin contenant sa pomme à mettre senteur. Elle l'attacha autour de son cou et se mira dans la glace. Les fortes émanations l'amenèrent très vite à une griserie des sens qui lui fit espérer que, cette nuit, son homme ne garderait point sa chemise au lit.

1. Sachets.

À l'excitation succéda un étourdissement. Isabeaude se laissa gagner par un alanguissement qui la fit cligner des yeux. Ses paupières devinrent lourdes, son esprit s'embruma, son portrait s'estompa dans le miroir. Elle ne distingua plus qu'une masse informe. Elle tendit la main pour retenir son reflet, mais son bras retomba, sans force. En même temps elle piqua du nez, son double menton reposant sur sa gorge, et sentit son esprit s'éteindre par degrés.

Soudain Isabeaude perdit la respiration. Elle sursauta, tenta de happer l'air. N'y parvenant plus, elle s'effraya, s'agrippa au miroir. La dernière image qu'il lui renvoya fut celle de l'épouvante. Elle s'effondra, le front sur la commode, et resta ainsi jusqu'à ce que Tassine la découvre, morte, le nez dans un pot à onguent.

L'herbe du Diable

Trois jours s'étaient écoulés.

Ce matin-là, Estienne Boileau se demandait ce que voulait le gaillard appuyé au comptoir qui séparait son échoppe de la rue.

– Avez-vous passé commande d'une paire d'escoletés ou d'estivaux[1] ? lui lança-t-il du fond de sa boutique.

– Nenni ! répondit l'inconnu.

– Alors poursuivez votre chemin ! Je ne fais pas essayer mes chaussures comme un vinier fait goûter son vin. Je travaille sur mesures, moi.

– C'est vous que je viens voir, pas vos brogues !

– Je suis en deuil, annonça Estienne. Je n'avais pas le cœur à ouvrir ma boutique, mais il faut bien que le travail se fasse. Et puis compagnons et apprentis ne veulent pas perdre un jour de salaire supplémentaire.

Il décocha tout à coup une grande claque à un jeune garçon qui alignait des chaussures sur une étagère.

– Je t'ai déjà dit de ne pas ranger les anciens ouvrages avec les neufs !

1. Souliers et bottes légères.

– Mon nom est Quentin, s'impatienta l'individu. Je suis envoyé par le prévôt du comte pour obtenir réponse à quelques questions qui le troublent.

– Des questions qui le troublent ? répéta le maître cordonnier.

Sa voix chevrota lorsqu'il ajouta :

– Je ne comprends pas. De quoi s'agit-il ?

– De la mort de votre femme et de votre amante ! Le même jour et pareillement ! Il y a de quoi surprendre, non ?

– Le… le cœur a cessé de battre, bredouilla Estienne. Je n'y peux mais.

– Je ne crois pas à un violent spasme de volupté ! ricana Quentin en entrant dans l'échoppe, deux soldats sur ses talons.

Les compagnons et apprentis s'arrêtèrent de travailler. Tous les regards étaient posés sur les gens d'armes.

– Fouillez partout ! leur commanda ledit Quentin. Si vous découvrez ces maudites herbes, évitez de respirer leur parfum !

– Doucement ! Vous allez tout abîmer ! protesta maître Boileau en voyant les hommes soulever les peaux et retourner les souliers. Que cherchez-vous ? De quelles herbes parlez-vous ?

– Allons là-bas, proposa Quentin en montrant le fond de l'atelier, nous y serons plus à l'aise pour nous expliquer.

– La Sans-Pareille recevait moultes visites, précisa Estienne qui commençait à pâlir et qui sentait son cœur s'emballer. Pourquoi m'interroger, moi ?

Il se laissa tomber sur un tabouret.

– Parce qu'elle est morte dans son bain juste après votre départ. J'ai interrogé Anieuse, sa servante, qui m'a remis ceci.

Quentin tira alors de son doublet une pomme à mettre senteur.

– Elle trempait dans l'eau quand le corps a été découvert, indiqua-t-il. Les herbes n'embaumaient plus. J'étais prêt à conclure à une mort naturelle quand j'ai appris que votre épouse, dame Isabeaude, venait elle aussi de rendre son dernier soupir.

– Une pure coïncidence, souffla le cordonnier, les yeux fixés sur la pomme dorée comme s'il entrevoyait une terrible révélation.

– Le prévôt ne croit pas aux coïncidences de cette sorte… moi non plus. J'ai suivi votre Tassine lorsqu'elle est allée battre le linge, hier, et je lui ai posé quelques questions.

Maître Boileau sursauta.

– La ponette s'est bien gardée de m'avertir ! grogna-t-il d'un air outré. Je lui tannerai le cuir pour avoir tenu sa langue ! Elle…

– Vous ne tannerez rien d'autre que ce qui se trouve dans cet atelier ! le coupa Quentin. Tassine s'est tue sur mon ordre.

– Pourquoi cela ? Vous ne supposez quand même pas que j'ai occis la Sans-Pareille et mon épouse ?

– Vous avez offert à toutes deux un collier à mettre senteur. L'instant d'après, elles étaient mortes.

Estienne secoua la tête, incapable de formuler des mots pour se défendre. L'accusation contenue dans les propos de l'enquêteur était flagrante. Ses yeux se posèrent à nouveau sur la pomme à mettre senteur. Les odeurs qu'elle diffusait avaient-elles tué la Sans-Pareille ? Et mêmement pour Isabeaude ? C'était impensable, c'était folie, c'était… c'était… c'était un accident !

Une altercation éclata soudain entre un garde et un compagnon. Ce dernier prit son maître à témoin.

– Il froisse les peaux en les jetant à terre ! C'est tout juste s'il ne les perce pas de sa lance !

– Le drôle s'oppose à la fouille, rétorqua le soldat. Il m'oblige à user de la force.

Les apprentis étaient rangés contre le mur, muets et verts de peur. Les compagnons, eux, tentaient de protéger leurs œuvres de la brusquerie des gens d'armes.

– Mon échoppe n'est point une officine de sorcier ! s'indigna maître Boileau. Vous ne verrez ici que de bonnes peaux de vache, des semelles, des lanières…

– Toi ! l'interrompit Quentin en hélant un de ses hommes, monte à l'étage et explore le logis ! Fais-toi aider par la servante !

– Vous perdez votre temps et me faites perdre le mien ! s'insurgea Estienne.

– Dame Isabeaude n'a pas été portée en terre avec sa pomme à mettre senteur, reprit l'envoyé du prévôt, Tassine l'a certifié. Je présume que vous l'avez vidée de son contenu ou que vous l'avez fait disparaître ?

– Que nenni ! Elle est sur la commode à côté du miroir.

– Vous ne l'avez pas ouverte ?

– Pourquoi l'aurais-je fait ?

– La chambre ne sentait pas une odeur particulière ?

– Avec tous les parfums et les poudres qu'utilisait ma femme, la pièce était aussi lourde d'odeurs qu'un encensoir : un mélange de musc, de camphre, de lavande, de violette... C'est pourquoi la fenêtre était entrebâillée en permanence, sauf par grande froidure d'hiver.

Quentin réfléchit.

– Adont, résuma-t-il, s'il s'agit bien d'une plante tueuse, elle n'a d'effet qu'à très courte distance puisque ni Anieuse ni Tassine n'ont été incommodées. Quelles fleurs avez-vous achetées ?

– Aucune ! J'ai acquis les colliers entiers. Les pommes contenaient déjà les herbes, et elles étaient enfermées dans un écrin en bois ciselé.

Quentin dévisagea le maître artisan. Devait-il accorder foi à ses paroles ? Estienne Boileau était-il un respectable cordonnier accablé par le sort, ou un assassin qui, à l'abri des regards, préparait l'herbe du Diable ?

Quentin jeta un coup d'œil sur le soldat qui s'échinait à fureter parmi les ceintures et les gibecières suspendues à une longue perche. À l'évidence, il ne dénicherait aucune botte de simples au milieu des ouvrages de cordonnerie. Pas plus que le deuxième, là-haut, n'en dénicherait entre les piles de draps, les cottes, les chausses et les mantels. Ou Boileau était innocent, ou il hachait et mêlait ses aromates ailleurs, loin de chez lui.

– Remettez-moi votre pomme à senteur, ordonna-t-il. L'apothicaire près du marché examinera les brins contenus à l'intérieur, comme il le fait déjà pour le collier de la Sans-Pareille. Je saurai alors quelle est la plante qui tue. À qui avez-vous acheté ces bijoux ?

– À un certain Mahaut, un pied poudreux qui parcourt la vallée de l'Ariège, de Foix à la Tute de l'Ours.

– Je vais envoyer des hérauts de par la ville pour informer les habitants du risque encouru à se parer des colliers reçus des mains de ce Mahaut. Et lancer des gens d'armes dans la vallée pour l'appréhender. Quant à vous, maître Boileau, vous supporterez la présence d'un de mes hommes jusqu'à ce que j'aie la preuve de votre totale innocence. Il s'attachera à vous comme une ombre.

– Qu'il reste aussi discret qu'elle ! rétorqua le maître artisan qui avait recouvré son assurance et ses couleurs. Il demeurera longtemps collé à mes chausses ?

– Le temps de trouver le vrai coupable ou, dans le cas contraire, de vous conduire au gibet pour y être pendu.

La dame de Montgaillard

Quentin et deux soldats du prévôt galopaient sur une route caillouteuse bordée de chênes et de hêtres, en direction de Montgaillard, à un peu plus d'une lieue au sud-est de Foix. L'enquêteur avait appris qu'une jeune fille y était morte d'une façon similaire à celle des deux femmes.

Dame Tallard, la maîtresse de la défunte, lui avait demandé de ranger du linge dans sa chambre, ce que faisant, la servante avait été attirée par un écrin posé sur la table. Un écrin qu'elle n'avait encore jamais vu !

Poussée par la curiosité, elle l'avait ouvert et s'était émerveillée de la jolie pomme à mettre senteur qu'il contenait. Sur un coup de tête, elle avait décidé de le porter avant sa maîtresse, rien que pour rêver, pour se bercer d'illusions, pour oublier un court instant qu'elle n'était qu'une gueuse…

Au bout d'un moment, inquiète de son absence, la dame était entrée dans la pièce à son tour. La bachelette était étendue sur le sol, sans vie, le collier autour du cou.

Quentin était d'humeur maussade. La mort de la Sans-Pareille l'avait affecté plus qu'il ne le laissait paraître. Non pas qu'elle avait été son amante, mais ils se connaissaient depuis l'enfance. Pourtant, si la belle l'avait toujours considéré un peu comme son frère, les sentiments de Quentin étaient très différents. Il aimait la jeune femme en secret. D'un amour pur et fidèle. La savoir aux mains de tant d'hommes lui avait maintes fois broyé le cœur.

« Ce sont ces pourceaux qui auraient dû mourir, songeait-il en talonnant son cheval. Estienne Boileau, Thibault l'Oiseleur et tous les autres, mais pas elle ! Pas elle ! Pas mon Émeline ! »

Lorsque l'agent du prévôt arriva au bourg avec ses hommes, une forte animation régnait sur le marché.

Une foule bariolée et bruyante se bousculait entre les nombreux étals derrière lesquels des paysannes proposaient leurs œufs, leurs poules, leurs légumes et leurs fruits. D'autres vendaient du miel, des herbes de montagne ou du lait de chèvre. Les enfants entouraient un montreur d'ours et deux bateleurs qui jonglaient avec des quilles en bois.

Quentin se pencha sur sa selle, attrapa un drôle par son col et lui cria fort à l'oreille pour se faire entendre :

– Sais-tu où habite dame Tallard, la veuve du chapelier ?

– Empruntez la rue face à nous ! Suivez l'odeur d'écurie, dépassez la taverne de l'Ours et comptez deux maisons à votre dextre ! Vous y serez.

Les trois cavaliers pressèrent leurs chevaux, puis ils s'engagèrent dans une venelle tortueuse. Des échoppes résonnaient du travail des artisans et des coups de gueule que le maître lançait parfois à ses apprentis. Des chiens et des pourceaux fouillaient dans les immondices jetées du haut des fenêtres, que la pluie avait étirées en une épaisse croûte brunâtre et nauséabonde.

Après avoir dépassé l'écurie qui fleurait bon la paille et le foin, puis la taverne déjà chaude des tablées de clients qui buvaient, Quentin et ses hommes arrêtèrent leurs montures devant la maison de dame Tallard.

L'habitation comportait deux étages à encorbellement qui donnaient l'impression de vouloir enjamber la rue pour rejoindre la façade de l'autre côté. Une boutique à enseigne de chapelier occupait le rez-de-chaussée.

Une jolie veuve au minois friand reçut Quentin au-dessus de l'atelier de confection, les deux soldats étant restés avec les chevaux. Il se présenta, expliqua le pourquoi de sa présence et demanda à voir le collier.

L'objet était l'exacte réplique de ceux de la Sans-Pareille et de dame Isabeaude.

– Comment se fait-il que vous ne l'ayez pas porté ? s'étonna Quentin.

– Je l'ai acheté hier, mais je ne comptais le porter qu'à la Saint-Blaise, dans deux jours, à l'occasion de la fête des chapeliers. J'aime me parer de bijoux pendant les processions, et sentir tous les yeux braqués sur moi. Une femme sans joyaux est comme une rose sans parfum, n'est-ce pas votre avis ?

Comme Quentin ne répondait pas, elle poursuivit :

– J'ai donc rangé l'écrin dans ma chambre. Quand j'ai découvert cette sotte allongée sur le sol, ce matin, avec mon collier à son cou, j'ai d'abord cru que les saints l'avaient punie de son impertinence en la faisant tomber et s'assommer… jusqu'au moment où j'ai compris qu'elle était morte.

– J'ai des raisons de supposer que votre jeune servante a respiré un parfum mortel. C'est la pomme à senteur qui l'a tuée, et non le châtiment divin.

La dame en resta bouche bée.

– Mais… mais alors, balbutia-t-elle, c'est moi qui étais visée !

– Connaissez-vous Estienne Boileau, de Foix ?

– Le devrais-je ?

Comme Quentin l'étudiait de ses yeux perçants, elle ajouta :

– Non, je ne l'ai jamais vu ni n'ai entendu parler de lui. Qui est-il ?

– Un innocent, j'en suis sûr à présent.

– Je ne vois pas qui peut m'en vouloir au point de…

– Deux morts identiques se sont produites à Foix, incriminant ce genre de collier. Je ne crois pas que vous soyez la cible précise d'un tueur, dame Tallard. J'ai plutôt l'impression que la mort frappe au hasard, mais en fauchant uniquement les femmes. Et pour cause, elles seules se parent de pommes à mettre senteur.

– C'est effrayant ! Pensez-vous qu'il pourrait s'agir d'une plante maléfique ajoutée par erreur ?

– C'est possible, admit Quentin sans grande conviction, mais j'y vois plus vraisemblablement la main du Diable. J'ai fait examiner les plantes des deux premières pommes à senteur : la même fleur inconnue se retrouve dans les composants. Elle ne peut y avoir été mise par erreur. L'apothicaire qui l'a identifiée lui a donné le nom de rose noire, bien que ce ne soit pas une rose. Son effet se dissipe très vite. C'est la raison pour laquelle vous n'avez pas été terrassée en retirant le collier à cette pauvre fille.

Dame Tallard porta soudain la main à sa bouche et roula des yeux effarés.

– Sainte Mère de Dieu ! s'exclama-t-elle. Un villageois a acheté un collier en même temps que moi pour l'offrir à sa fille en cadeau d'épousailles. Le mariage a lieu aujourd'hui. Si les pommes à senteur sont toutes assassines…

– Vous a-t-il laissé son nom ou celui de son hameau ?

– Hélas non, mais il a parlé de la forêt de Prayols.

– Une noce de village ne passe pas inaperçue, réfléchit Quentin à haute voix. Plusieurs de mes hommes traquent Mahaut le long de la route ; j'ai bon espoir qu'ils le poigneront avant qu'il ait décimé toute la vallée de l'Ariège. Lors, je dois courir aux noçailles, en priant pour que le Diable n'ait point déjà emmené l'épousée.

Gentil Mahaut

Curé en tête, la noce sortit de l'église et se répandit sur la place du village où des planches avaient été dressées sur des tréteaux, et près desquelles un mouton achevait de rôtir sur sa broche. Le père de la mariée prit un homme par l'épaule.

– Bien fîtes-vous, gentil Mahaut, de vous joindre à notre fête ! Qu'elles soient compagnes ou jouvencelles, vieillettes ou pucelottes, vous allez rendre nos femmes heureuses en leur proposant vos pommes à mettre senteur ! Vous écoulerez votre lot, ou je ne m'y connais pas en filles. Et vous leur ferez tourner la tête en les entraînant dans des caroles au son des violes, des turlurettes et des tambourins.

– Je ne pourrai m'attarder, répondit le colporteur. Si ma besace est vide, il me faudra repasser promptement chez mon orfèvre et chez mon herboriste. L'un loge en terre d'Espagne, l'autre au pied de Montségur.

– Partageons une bière épicée ou un vin herbé, proposa le villageois. Ah, on apporte ses cadeaux à ma fille, remarqua-t-il. Attendez que je lui aie offert mon collier avant de présenter les vôtres aux coquines !

Serrée dans une longue cotte à amigaut[1] lacé, une paire de manches rouges épinglées à l'emmanchure, et les cheveux massés en deux tresses sur la nuque, la mariée recevait les présents qui constituaient son trousseau. Elle souriait aux uns et aux autres, et empilait linge et écuelles sur la table, sous l'œil calculateur de son berger d'époux.

– Et j'y ajoute ceci ! s'écria son père en levant bien haut son écrin afin que tous puissent voir.

La jeune femme l'ouvrit, poussa un cri de ravissement en découvrant le collier lové dans son nid de laine.

– Une pomme à mettre senteur ! se réjouit-elle en saisissant la chaînette par ses deux bouts. C'est mon premier bijou ! Avoir enfin le droit d'en porter fait de moi une vraie femme ! J'espère que mon époux me couvrira d'atours autant que de baisers.

– Il couvrira d'abord ses brebis de clochettes ! plaisanta quelqu'un.

La fraîche épousée fixa la chaînette derrière sa nuque, inspira à fond. Elle se laissa pénétrer par l'odeur envoûtante, se mit à regretter que le jour fût encore si long tant elle avait envie de se serrer contre son berger et de connaître les délices

1. Fente boutonnée ou close par une broche, ou encore laissée ouverte et rabattue.

d'une nuit de noces. Ses paupières lui pesèrent tout à coup, et elle lutta pour tenter de garder les yeux ouverts.

Elle porta soudain la main à son front, chancela, comme prise de vertige, et se rattrapa à la table.

– C'est trop de bonheur, commenta un vilain. Coline n'est point habituée à tant de…

La jeune femme s'effondra en haletant.

– Le collier… le collier… il…

Croyant que la chaînette l'étranglait, son père la lui arracha d'un coup sec et jeta la pomme derrière lui. Un petit chien planta sa truffe sur l'objet et le flaira. Il couina aussitôt et tourna sur lui-même, pris de folie.

– Regardez le chienet ! brailla une fillette. Il danse la ronde du Diable !

Les têtes se tournèrent, les yeux se posèrent sur la bestiole qui se frottait la tête dans l'herbe et paraissait suffoquer.

– L'odeur… de la pomme… monte à la tête, hoqueta Coline en happant l'air à grandes goulées. Elle endort… puis étouffe.

Mahaut crut avoir mal entendu. Il venait d'étaler ses écrins sur la table et s'apprêtait à les ouvrir devant une rangée de mignonnes aux yeux brillants.

– Quoi, elles étouffent, mes pommes ? s'indigna-t-il.

– Le chien est mort ! hurla un homme. Il a respiré l'haleine du Diable !

Les belles eurent un mouvement de recul lorsque le camelot souleva les couvercles les uns après les autres. Un certain Anicet se rua vers lui, le bouscula et les rabattit tous.

– Oh, curé ! appela-t-il. Va chercher ton goupillon et trace le signe de Notre Seigneur sur ces boîtes à effluves ! L'eau bénite consumera l'herbe à Diable.

– Mes pommes ne diffusent pas la puanteur de l'Enfer ! objecta Mahaut sur un ton de colère. Si ladite Coline s'est trouvée mal, c'est qu'elle s'est pâmée d'amour.

– Et le chien ? lança une voix. Il s'est pâmé d'amour, lui aussi ?

– Il m'en coûte d'éventer une pomme, néanmoins je vais vous prouver que mes colliers ne sont pas plus nocifs que des coussines de lavande. Le chien a dû avaler quelque chose qui est resté coincé dans sa gorge.

Mahaut s'empara d'un collier qu'il referma autour de son cou. Les villageois l'observaient à distance prudente cependant que le père et le mari aidaient Coline à se relever.

– Cela commence à aller mieux, souffla-t-elle, mais j'ai eu peur. Une méchante odeur s'est glissée en moi, bloquant si soudainement ma poitrine que j'ai cru mourir.

Le marchand avait posé un œil de velours sur les jouvencelles, et il se laissait bercer par des pensées lascives quand, l'esprit embué, il se sentit vaciller sur ses jambes.

– On dirait que le Mahaut s'endort, grommela un paysan.

– C'est le signe que la pomme libère ses humeurs ! hurla l'Anicet. Chargeons-le de toutes ces diableries !

Ce fut la ruée. Les hommes se saisirent des colliers et les passèrent au cou de Mahaut. Puis ils se reculèrent, établissant un cercle autour du camelot.

Très vite, le bonhomme se frappa la poitrine pour ramener ses poumons à la vie. Bouche ouverte, yeux révulsés, il avait l'air d'un poisson échoué sur le rivage, en train de suffoquer. Il essaya d'arracher les colliers mais ses forces lui manquèrent. Ses jambes flageolèrent, il s'affala sur les genoux. Il émit deux trois affreux stridors[1], battit des bras et s'écroula sur le flanc. Mort.

Quentin et ses soldats entrèrent dans le village alors que les danseurs et les danseuses, le repas achevé, se tenaient par la main et menaient une carole endiablée autour des tables. La musique s'envolait à un rythme tel qu'elle donnait l'impression de vouloir sauter des notes pour épuiser les gambilleurs deux fois plus vite.

1. Bruit strident lors de l'inspiration.

Quentin trouva qu'il y avait une sorte de sauvagerie dans l'air et dans les mouvements, qui contrastait étrangement avec les ambiances de fêtes auxquelles il avait participé auparavant. Il avisa la mariée qui sautillait pis que chevreau. Il soupira de soulagement de la savoir en vie, puis le doute l'assaillit qu'il s'était peut-être trompé de noce.

Quand il passa devant les musiciens, le joueur qui s'excitait sur sa turlurette cessa de souffler. Vièles et tambourins s'éteignirent. La carole finit en tressautements. Alors les yeux se posèrent sur les trois cavaliers.

– Vive la mariée ! lança un soldat, mais il ne reçut, en retour, que des hochements de tête.

Les regards étaient lourds, hostiles. « Ils ont quelque chose à cacher, comprit Quentin, sinon ils m'auraient convié à partager leur joie. »

– Je suis envoyé par le prévôt du comté pour arrêter un certain Mahaut, colporteur de son état, qui vend des pommes à mettre senteur. En réalité, elles apportent la mort. Avez-vous acheté ce genre de collier ?

Il n'y eut pas de réponse. Rien que des visages bas et des regards fuyants.

– Votre père ne vous a rien offert de tel ? insista-t-il en s'adressant directement à la jeune épousée. Vous savez qu'on ne doit pas mentir, ni à son père, ni à son mari, ni au comte que je représente.

Quentin cueillit le coup d'œil que Coline glissa au curé. Elle hocha la tête, déclara d'une petite voix :

– Ce collier, je ne l'ai plus. Je l'ai retiré car il m'empêchait de respirer.

– Qu'en avez-vous fait ?

– Nous l'avons enterré, intervint son époux d'un ton sec. Nous n'allions pas garder un collier qui tue !

« Ces gueux-là n'ont pas la conscience en paix, songea Quentin. Le curé se tortille comme s'il était debout sur des charbons ardents. »

– J'ai besoin de récupérer l'objet, dit-il. Montrez-moi où vous l'avez enfoui.

Les gens grognèrent, peu désireux d'obtempérer.

– Y aurait-il autre chose dans le trou ? interrogea l'agent du prévôt.

Du haut de leurs chevaux, les deux soldats promenèrent un regard inquisiteur sur les villageois. Se sentant acculé, le curé prit la défense des siens.

– Notre Seigneur bénit celui qui tue la Bête !

– Vous avez occis le marchand ? s'étrangla Quentin. Il est donc venu ici ?

– Le serpent s'est étouffé dans ses propres anneaux ! piailla une vieille femme.

– Il s'est enroulé lui-même un collier autour de son cou, expliqua le père de la mariée.

Du coup, chacun se mit à parler, à clamer sa version des faits, à rendre Mahaut responsable de sa mort.

– S'il s'est paré de ses pommes à senteur, c'est qu'il ignorait qu'elles diffusaient l'haleine du Diable. Il n'est donc pas l'empoisonneur, conclut Quentin. Où est-il ?

– Nous l'avons enterré hors du village, confessa le curé. Contre la forêt, à l'orée des loups ! Avec ses pestilences !

– Il était innocent, il a droit à une terre chrétienne.

– Innocent ? s'offusqua l'Anicet. Il était le pourvoyeur du Diable. Nous ne voulons pas de lui dans notre cimetière.

– Le prêtre dira une messe au-dessus de sa tombe, et vous planterez dessus une bonne croix de bois. Le crucifix tiendra à distance les bêtes maléfiques... Quant à moi, soupira Quentin, j'aurais bien besoin de l'aide de Dieu pour découvrir le maudit faiseur d'herbes.

– Fouillez du côté du pech, l'éperon rocheux de Montségur, conseilla le père de Coline. Mahaut recevait ses plantes d'un herboriste qui vit sur ces terres.

Les agents du prévôt acceptèrent une coupe de clairet et repartirent avec des darioles, des tartelettes au fromage et au beurre.

Une question obsédait l'esprit de Quentin : Mahaut était-il le seul à s'approvisionner chez l'herboriste assassin, ou existait-il d'autres pourvoyeurs qui vendaient le poison sans le savoir ? Dans ce cas, la vallée de l'Ariège deviendrait bientôt la vallée de la Mort.

Le fol du pech

Le lendemain, après avoir remonté la vallée du Sios et une partie de celle du Touyre, serrées entre des crêtes couronnées de pins, Quentin vit se découper l'imposant pech au sommet duquel se dressaient les vestiges du château.

Montségur s'apparentait plus à un bourg fortifié qu'à un véritable château fort. Au cours du temps, grossi des communautés hérétiques, il s'était arrondi en village autour de la vieille tour féodale originelle dont il ne restait plus que des pans ébréchés. L'enceinte avait été jetée bas et dessinait des dents de scie sur le sommet de la plate-forme. Des ruines de maisons subsistaient sur les terrasses vertigineuses adossées à flanc de rocher, essaimées le long de ruelles en escalier.

Quelques années auparavant, le sénéchal du roi avait lancé ses troupes contre le castrum pour éliminer les apôtres de Satan qui s'y trouvaient, et nombre de cathares, tant hommes que femmes, avaient péri sur le bûcher. Le grand inquisiteur avait même fait raser le village agrippé à la pente, afin que l'hérésie ne repousse pas comme une mauvaise herbe.

Suivi par ses hommes, Quentin avança jusqu'au pied de l'étroit raidillon qui serpentait vers le sommet, puis il arrêta sa monture.

– Où chercher ? se désola-t-il. Un herboriste doit cultiver des simples, ores je n'aperçois aucun lopin de terre labourée, pas plus que de cabane où mettre les plantes à sécher.

– L'empoisonneur est peut-être un habitant de Montferrier, supposa un soldat.

– À moins qu'il ne se cache dans la forêt du Corret, souligna le deuxième.

– C'est possible, dit Quentin. Aussi allez chacun d'un côté et venez me rendre compte avant ce soir ! Moi, je vais monter là-haut et examiner le château. Qui sait si notre oiseau de malheur n'a pas trouvé refuge parmi ces pierres ?

Les trois hommes se séparèrent. L'un se dirigea à Montferrier, un village au nord de Montségur, et l'autre vers l'est.

Quentin, lui, guida son cheval à travers les pierres jusqu'à l'ancienne citadelle. L'espace était encombré de blocs. Il attacha sa bête à une grosse pierre avant de pénétrer dans le castrum. Un silence minéral coiffait le pech. Quentin ressentit une étrange sensation, comme si l'angoisse irradiait le lieu. Il chercha des empreintes récentes sur le sol, mais la terre dure et sèche n'avait conservé aucune trace. Il se dirigea alors vers la cour.

Il remarqua qu'un petit muret avait été édifié récemment près de l'enceinte. Il s'en approcha, le contourna, et ne put réprimer une exclamation de surprise. Des simples poussaient derrière le muret qui servait de pare-vent, ainsi que des fleurs étranges qu'il ne connaissait pas. Les plantes formaient des carrés nets, tracés au cordeau.

– Le jardin de l'herboriste, murmura Quentin. Et voici la rose noire telle que me l'a décrite l'apothicaire ! C'est donc ici que l'empoisonneur fait pousser ses diableries. Mais lui, où est-il ?

Quentin s'accroupit et tâta la terre : elle était encore humide... Le cœur battant, il se redressa. Il sentit soudain un regard acéré s'enfoncer dans sa chair comme s'il se fût agi d'une lame. Il se retourna...

Personne !

Il étudia l'espace autour de lui, scrutant les zones d'ombre. Il finit par secouer la tête. Non, ce n'était qu'une impression, le drôle ne pouvait pas surgir des lézardes des murs ni des masses écroulées. Tout paraissait mort, bien mort. Alors ? Une brusque intuition lui fit lever la tête. Une ombre noire tombait sur lui du haut de la tour.

Quentin ne put éviter le choc. Frappé aux épaules, il culbuta en arrière, dans les pierrailles, les serres de l'homme crochetées à lui.

– Maudit corbeau ! cracha Quentin en lui assenant son poing sur la tempe.

L'agresseur portait une chape noire surmontée d'un capuchon. Il grimaça sous la douleur mais ne lâcha pas prise. D'un violent coup de reins, il parvint à déséquilibrer Quentin qui essayait de se relever, s'assit sur lui pour le plaquer au sol et referma sa poigne sur sa gorge.

– Tu vas crever ! haletait l'homme en roulant des yeux fous. Comme les femelles, ces bêtes à Diable !

Quentin étouffait. Les griffes étaient fichées dans sa chair, et le forcené serrait, serrait. « Je dois… me dégager… pensa-t-il, sinon… je suis mort. » Il replia les jambes, rassembla ses forces et décocha un magistral coup de genou dans le dos de l'herboriste. L'homme hoqueta, desserra son étreinte. Quentin lui broya alors les flancs en les martelant de ses poings. Il tendit le bras pour l'attraper mais l'autre lui échappa. Malgré la souffrance, il était aussi agile qu'un cabri : sautant par-dessus les gravats, il s'enfuit dans la tour. Quentin l'y suivit, mais des jets de pierres le forcèrent à s'abriter derrière des blocs.

– Il n'y a pas d'issue ! cria-t-il à l'homme qui escaladait les pierres déchaussées de la tour. Rends-toi !

– Jamais ! Les oiseaux du paradis m'attendent au sommet et ils m'emporteront vers le jardin des félicités. Là-bas, point de femelles, point de perfides créatures !

Il arracha des éclats de la muraille et les lança sur Quentin qui dut se replier. L'homme en profita pour se hisser sur un pan de mur qui surplombait le vide.

– Tu en veux à ce point à ta mère que tu hais tant les femmes ? l'apostropha Quentin.

– Non point à ma mère, vil coquin, mais à toutes celles qui usent de leurs artifices pour attirer, séduire et tromper les bonnes gens ! À toutes celles qui se parent d'or ! Car la parure amène au péché d'envie, tout comme la chair conduit au péché de luxure.

– Tu as fait mourir d'honnêtes femmes avec tes herbes à Diable.

– Mais allons donc ! s'esclaffa le gaillard. Toute création est mauvaiseté, et la femelle est pot à création !

– À t'entendre médire de la sorte, prétendrais-tu aussi que la reine mère Blanche de Castille est une ribauderesse ?

– C'est la pire de toutes ! Mère, catin et fille à Satan, tout à la fois !

– Tu as perdu la raison !

– J'ai vu deux cents parfaits[1] brûler sur le bûcher, il y a huit ans de cela, et le grand inquisiteur raser le château et le village. Ma famille a été massacrée. C'est ladite Blanche qui a déclenché

1. Autre nom des cathares.

la croisade royale qui déferla sur notre pays et qui fit tant de mal. La Blanche à parole de serpent ! L'Ève chassée du paradis ! C'est la même ! C'est la même, je te dis ! Et je te dis encore que chaque femelle porte en elle la semence du Démon. C'est de lui que naissent les garcettes !

– Descends de là ! ordonna Quentin. Que ferastu quand tu n'auras plus de pierres à me jeter ?

– Je ne veux pas finir pendu ! Ni le prévôt ni le comte, encore moins le roi, n'ont compris que la femme est une abomination.

– On ne pend pas les fols ! assura Quentin.

– N'est point fol qui sait ouvrir les yeux ! rétorqua l'autre. Louis est aveugle, chef des aveugles, et depuis qu'il est parti guerroyer contre les Sarrasins en Orient, son royaume s'est détaché de Dieu. Moi, je vais m'envoler vers le paradis, là où siègent les justes.

Il se tourna vers le vide, écarta les bras.

– Attends ! cria Quentin. D'où tiens-tu la rose noire, la plante qui tue ? D'autres que Mahaut sont-ils tes colporteurs ?

L'homme éclata d'un rire énorme, puis il bascula en avant. Sa chape noire battit, telles les ailes d'un corbeau, tout le temps qu'il chuta le long du pech.

– L'empoisonneur est mort, rumina Quentin, mais mes questions demeurent sans réponse.

Il dénicha un abri dans les ruines de la tour, où l'herboriste enfouissait ses secrets. Des plantes séchaient sur des claies, des creusets contenaient des mélanges et des poudres… Il y mit le feu, et il brûla aussi les simples et les herbes du jardin.

– Montségur fume à nouveau, dit-il à son cheval en remontant en selle. Cette fois, nul ne s'en plaindra.

Pour Blanche !

Le mois suivant, au logis du roi, en l'île de la Cité, Alphonse, comte de Poitiers et de Toulouse, frère du très pieux Louis, pénétrait dans les appartements de dame Blanche, sa mère. Il tenait à la main un coffret ebenit[1] finement ouvré.

– J'ai acheté une magnifique pomme à mettre senteur à un camelot, annonça-t-il. Je profite de mon passage à Paris pour vous l'offrir, ma mère.

Elle le remercia d'une inclinaison de la tête.

– Bien cher fils, quand Bertrande aura épinglé le touret à ma coiffe, je me parerai de votre collier. Je vous retrouverai ensuite à la Sainte-Chapelle.

Le comte sortit.

La servante passa le voile sous le menton de la reine et le fixa sur la cale, une petite coiffe blanche en lin.

– Bien, ponctua Blanche de Castille en s'étudiant dans un miroir. À présent, ouvre l'écrin !

Bertrande s'exécuta. La reine prit le bijou et le tint sur sa poitrine.

1. Ouvrage façonné en bois d'ébène.

– Il est magnifique. Attache-le autour de mon cou… puis recule, je ne veux pas de ton reflet dans la glace.

Elle inspira à fond, ferma les yeux et se laissa griser par des parfums de montagne. C'est à peine si ladite Bertrande entendit son hoquet de suffocation.

Les treize coups de minuit

Évelyne Brisou-Pellen

I

ON N'AVAIT pas eu de mort depuis une poignée de semaines, c'est pour ça qu'il y avait tant de monde à l'enterrement. Enfin, « tant de monde », il ne faut pas exagérer. Depuis avril – où on avait dû transformer le pré aux veaux en cimetière – le bourg s'était tellement réduit qu'on n'était pas plus de trente à pouvoir encore suivre un cercueil. La Dame Rouge était passée par là.

La Dame Rouge est un joli mot pour une réalité horrible. Chez nous, le seul à oser l'appeler par son vrai nom, *la peste*, était le boucher. Mais il n'était plus là pour la défier : elle l'avait eu au tournant, lui aussi.

Moi, je pleurais à chaudes larmes et, pourtant, je connaissais à peine le mort, un charbonnier qui ne quittait guère la forêt.

En réalité, ce n'était pas lui que je pleurais, mais les autres. Mes parents, mon petit frère, mes trois sœurs, ma grand-mère. Je ne compte pas les oncles, tantes et cousins, parce que le chagrin n'arrive pas à se multiplier aussi loin. Il m'en était trop arrivé en même temps.

L'été était passé sans qu'on parvienne à s'intéresser à la couleur du ciel, et maintenant que la mort reculait, je réalisais que le ciel avait sans doute été bleu et que le soleil continuait sa course tout comme avant. Et une horrible souffrance me tordit le cœur. Parce que…

– Colin ! me souffla le curé en me faisant les yeux noirs.

J'agitai vite la clochette pour signaler la dernière prière. Je ne connaissais pas bien les gestes, c'était la première fois que je les accomplissais. Nous avions eu tant de morts qu'il n'y avait plus personne d'autre pour aider le curé.

Lui aussi, d'ailleurs, paraissait embarrassé. Des mois qu'il n'avait pas procédé à un véritable enterrement, des mois qu'on se contentait de jeter les cadavres dans la fosse commune et de les recouvrir de terre le plus vite possible.

Le curé bénit la sépulture, et on commença à remonter vers le village.

Pas moi, parce que l'épinglier me retenait par l'épaule.

Je ne sais si le terme « épinglier » convenait encore car, n'ayant plus assez de clientèle pour des épingles, il avait élargi son commerce à d'autres objets en fer : boutons, couteaux, grilles de portes ou mors pour les chevaux.

– As-tu réfléchi ? me demanda-t-il.

Une exclamation excédée de l'apothicaire[1] m'évita de répondre :

– Encore des pèlerins !

Effectivement, une dizaine de voyageurs en longs manteaux poussiéreux, gourde accrochée au bâton de marche et coquille Saint-Jacques au chapeau, venait de déboucher sur la route.

– On ne veut pas de vous ici ! cria le forgeron en faisant de grands gestes pour les chasser.

Le curé se fâcha contre lui :

– Nous sommes sur la route de Saint-Jacques-de-Compostelle, nous ne pouvons les empêcher…

– Ils n'ont qu'à contourner le village !

– Voilà qui est bien peu charitable, répliqua le curé. Ces gens ont besoin de boire et de manger.

L'apothicaire s'en mêla :

– Ils n'avaient qu'à rester chez eux. La maladie ne s'attrape pas par l'air « empesté », comme on le croit trop souvent, mais par le contact avec un malade. Et elle se répand à cause des gens

1. Pharmacien.

qui circulent sur les routes ! Le pape lui-même a demandé de suspendre les pèlerinages.

– Sa Sainteté le pape donne des conseils aux pèlerins, protesta le curé, il n'exige pas que nous les rejetions. Nous sommes dimanche, ils ont déjà manqué la messe, ils ont besoin de s'en confesser pour que Dieu le leur pardonne.

Et, sur ces mots, il s'éloigna pour accueillir le groupe.

– « La messe », « se confesser », il n'a que ça à la bouche ! s'emporta l'apothicaire. Alors que tout rassemblement propage la contagion !

La veuve du notaire se scandalisa :

– Dieu nous a envoyé la maladie pour nous punir de nos péchés, et vous voudriez supprimer la messe ?

– Là… Là… calma le drapier. La maladie s'en va. (Il chuchota pour que la Dame Rouge n'entende pas.) On n'a eu qu'un décès en six semaines, et de vieillesse. C'est fini, je vous le dis, il n'y a plus de danger.

On fit tous un rapide signe de croix pour conjurer le sort.

Je ne savais que penser. D'un côté, il ne fallait pas mécontenter Dieu en supprimant la messe, d'un autre côté, l'apothicaire était un homme de science. Sans compter que le forgeron, qui l'appuyait, passait pour sorcier et *voyait les choses au-delà des choses*.

– Laissons-les se débrouiller, reprit le drapier, ces pèlerins n'ont pas besoin de nous pour manger, et encore moins pour se confesser.

On approuva en ricanant, ça nous évitait de réfléchir.

Moi, je trouvais que le curé ne manquait pas de courage en accueillant les voyageurs. Pourtant, il était conscient du danger, puisque, ses deux prédécesseurs ayant été victimes de l'épidémie, il fuyait le contact des malades et des morts. Personne n'ignorait que les prêtres étaient touchés les premiers, avec les médecins qui soignaient et les notaires qu'on allait voir pour rédiger son testament. L'apothicaire avait sûrement raison : la maladie se transmettait d'homme à homme.

Mais ça semblait fini.

De nouveau, les souvenirs m'envahirent et, avec eux, la honte et la douleur. Je n'eus pas le courage de rentrer à la maison. Chez moi, il n'y avait plus personne. Ils étaient tous ici, dans la terre du pré aux veaux.

Je m'assis sur le talus et restai à contempler le rectangle de terrain retourné qui s'étirait au loin. J'étais incapable de dire où se trouvait le corps de mes parents, ni de mes sœurs, ni de personne. Ils avaient été ensevelis par les fossoyeurs, des hommes dont on n'avait jamais vu le visage, des prisonniers qui gagnaient leur liberté par cette terrible besogne.

Aucun n'avait rien gagné, ils étaient tous morts à leur tour.

Une nouvelle fois, les larmes roulèrent sur mes joues.

Les cloches sonnant midi, je tournai la tête vers l'église et, là, j'aperçus quelque chose de curieux.

II

Une silhouette brune couronnée de rouge venait de pénétrer dans l'église par la porte latérale, celle de la sacristie.

Comme j'étais toujours vêtu de mon aube d'enfant de chœur et que j'avais gardé la clochette, je décidai sur-le-champ d'aller les ranger à leur place. Et leur place se trouvait justement dans la sacristie.

Je traversai le cimetière – le vrai, celui qui entourait l'église – et entrouvris doucement la porte.

Mon cœur fit un bond. L'homme en brun était un moine, très grand, avec le crâne couronné de cheveux incroyablement roux. J'en fus pétrifié. Le roux était la couleur du diable. Et le pire, c'est qu'il m'annonça :

– Je suis le nouveau curé de cette paroisse.

La stupeur m'empêcha de dire un mot. J'hésitais entre m'enfuir et m'enfuir quand la porte côté église s'ouvrit sur notre curé.

Il fut, comme moi, interloqué. Puis il souffla :

– Mon Dieu, un roux !

Le plus drôle, c'est que le roux fut stupéfait tout pareil. Il s'exclama :

– Monseigneur l'évêque ignorait qu'il y avait déjà un prêtre ici.

– J'ai été nommé par l'évêque précédent, répondit notre curé, aussi blême que s'il se trouvait face à Satan en personne.

– Et il sera mort sans même avoir eu le temps de mettre à jour le registre des nominations... Cela ne m'étonne pas. Tout est si désorganisé. D'ailleurs, pour qu'on confie une paroisse à un rousseau, il faut vraiment manquer de prêtres... (Le moine eut un sourire à la fois ironique et malheureux.) Je viens de Marseille. Les cent cinquante frères de mon couvent ont été rappelés à Dieu. Je suis le seul survivant, et monseigneur l'évêque a estimé que je serais plus utile comme prêtre dans une église, que comme moine dans un couvent désert.

– Malheureusement... souffla le curé.

– Je vois. Ce n'est pas grave. Je vais poursuivre ma route, je trouverai forcément une paroisse qui aura besoin de moi. Un prêtre roux vaut mieux que pas de prêtre du tout, n'est-ce pas ?

Il sourit de nouveau, mais d'un air amusé cette fois. Ça me donna mauvaise conscience, et je l'informai :

– Saint-Jean, à une lieue d'ici, n'a plus de curé.

Il tourna la tête vers moi. Ses yeux étaient doux, pas du tout comme on imagine ceux du diable, et j'eus encore plus honte de mon attitude.

– Alors j'irai, répondit-il. Et je préviendrai l'évêché du changement. (Il s'adressa au curé.) Nous sommes dimanche et je n'ai pas pu dire de messe ce matin. Me laisseriez-vous célébrer les vêpres ?

Il y eut un silence très éloquent. Ma main au feu que, si je n'avais pas été présent, le curé aurait refusé. Il avait peur qu'un roux nous porte malheur. Néanmoins, il ne put faire autrement que d'accepter.

Moi, j'étais devenu plutôt fataliste.

Des malheurs, nous en avions eu notre compte – sans qu'il y ait de roux chez nous, remarquez bien – et finalement, passé la première terreur, l'excitation me gagna. J'avais hâte de voir la tête des villageois découvrant le nouveau prêtre.

Seulement, à ma grande surprise, rien ne se déroula comme je l'imaginais.

L'avantage de servir la messe était que, de l'autel, je pouvais observer tout le monde. D'habitude, c'était sans intérêt, mais là…

Je commençai par balancer allégrement l'encensoir, pour que sa grosse boule de métal envoie la fumée d'encens partout. Ça purifiait du péché l'air que respirait Dieu et, du même mouvement, ça purifiait de la maladie celui que nous respirions. Puis le roux me demanda de venir près de lui pour tourner à mesure les pages du missel. J'en étais bien incapable puisque, ne sachant pas lire, je ne pouvais pas deviner où il en était rendu. Notre curé, qui avait une mauvaise vue, récitait sa messe par cœur ; en plus, comme c'était du latin et qu'il avait oublié certains passages, il faisait toujours court, et personne ne s'en plaignait.

Là, les vêpres traînèrent en longueur, cependant je ne m'ennuyai pas une seconde. D'une part, le roux chantait avec une belle voix et plus d'enthousiasme que notre curé, d'autre part, l'examen des visages me réserva de sacrées surprises. Si certains paraissaient bel et bien effrayés (comme le regrattier[1] et les paysans), d'autres semblaient… comment dire… émerveillés. Le drapier, par exemple, le chaudronnier, le châtelain, la veuve du notaire, l'épinglier. L'apothicaire paraissait même réjoui.

À n'y rien comprendre.

Les pèlerins, eux, avaient une attitude tout aussi étrange, encore que différente. Ils semblaient furieux et chuchotaient entre eux avec excitation.

1. Revendeur de nourriture.

Et je n'étais pas au bout de mes surprises. Quand, après les vêpres, je retrouvai les fidèles sur le parvis de l'église, je m'aperçus qu'il n'y avait là que le groupe des « effrayés ». Et qui râlaient.

– Il s'est trompé dans les paroles des vêpres, il a récité les prières d'avant la Dame Rouge, qui ne sont pas bonnes du tout contre la maladie !

Ça c'était la marchande d'oublies… ou plutôt de viande, car les oublies, en tant que gâteaux, avaient été les premières victimes de la pénurie de farine. La marchande s'était donc reconvertie dans la viande des bêtes sans maître qui divaguaient dans la campagne.

– Heureusement qu'il s'en va, fit remarquer le regrattier.

Les paysans approuvèrent avec véhémence. Je regardai autour de moi. Où étaient passés les « émerveillés » et les pèlerins ?

Je rentrai dans l'église. Ils y étaient encore. Et ils faisaient la queue devant le roux !

Je n'en croyais pas mes yeux. Ils semblaient si sérieux que la femme du notaire en oubliait de jeter des œillades au drapier qu'elle rêvait d'épouser. Il faut dire qu'il n'y avait plus de vraies familles au village, rien que des veufs, des veuves et des orphelins. Si l'épidémie voulait nous lâcher un peu, on devrait se réorganiser. Même moi…

Mais nous n'en étions pas là. Intrigué, je me demandais si le prêtre distribuait des pièces d'or ou quoi.

Il ne distribuait rien du tout. Après lui avoir parlé, chacun s'en retournait, l'air soulagé. Cet homme était-il magicien ?

Les pèlerins prirent leur tour. Enfin, un seul d'entre eux. Et, à l'inverse des gens du village, il quitta le prêtre avec un visage préoccupé, et juste pour aller consulter ses compagnons.

J'hésitai un instant, puis m'approchai du moine. N'ayant aucune idée sur ce qu'avaient raconté les autres, je projetais de demander s'il partait bientôt pour Saint-Jean. Seulement, il me chuchota :

– Toi aussi, tu veux savoir si je suis allé à Jérusalem ? La réponse est oui.

Je le contemplai avec stupéfaction.

– Peux-tu m'expliquer, reprit-il, pourquoi cela vous préoccupe tous ?

Alors là… Je n'en avais pas la moindre idée.

Je me le demandais encore dans mon lit, au cœur de la nuit terrible de ma solitude. Mais cette question n'arrivait pas à étouffer le remords qui me rongeait le cœur, ni à effacer les scènes pénibles qui m'empêchaient de fermer l'œil jusqu'à ce que l'heure fatidique de minuit soit passée.

Minuit. Chaque battement de la cloche me tapait directement dans le cœur, ravivant ma douleur. Minuit était l'heure la pire. Douze fois pire. Mais cette nuit-là, pour couronner le tout, il y eut treize coups.

III

J'entendis du brouhaha dehors, puis des volets qui s'ouvraient. Pour la première fois, je réalisai que les autres non plus ne dormaient pas. Ils avaient tous compté les coups de cloche. Je me précipitai vers ma fenêtre, qui donnait sur la place. (Je couchais dans l'ancien atelier de mon père, j'avais trop peur dans la pièce de derrière.)

À la lumière de la lune, je vis les pèlerins rassemblés dehors. Que faisaient-ils là ? De toutes les maisons, on se précipitait aux nouvelles.

Eh bien, les nouvelles, je n'en revins pas. Le chiffre treize portait réellement malheur : au treizième coup de minuit, un corps était tombé au milieu des pèlerins qui dormaient dans l'église.

On avait tellement côtoyé la mort ces derniers temps, que la vue d'un cadavre ne pouvait plus m'effrayer. Le drapier s'étant muni d'une lanterne, le chef des pèlerins le suivit, et je leur emboîtai le pas pour pénétrer dans les lieux.

Il y faisait noir comme dans un four. Seule brillait une lampe à huile posée par terre, à la lueur de laquelle l'apothicaire examinait le mort.

Le mort était… le moine roux !

Je ne m'en étais pas rendu compte immédiatement, parce que le côté visible de son crâne avait été rasé.

Le curé entra à son tour, tout ébouriffé de sommeil, accompagné du forgeron qui l'avait prévenu.

– Mon Dieu ! Que s'est-il passé ?

– À mon avis, nous annonça l'apothicaire, il est tombé du clocher.

Je levai la tête vers la cloche mais, malgré la pleine lune qui soulignait les dentelles de pierre de la flèche, on ne devinait qu'une masse sombre.

– Personne n'a pu entrer dans l'église pendant la nuit, nota le pèlerin, j'avais bloqué la porte. Les pèlerins sont des proies faciles pour les voleurs, nous prenons toujours nos précautions.

– Mon Dieu ! bredouilla le curé. Mon Dieu ! Et c'est moi qui lui ai demandé de sonner la minuit !

Nous avions enterré le bedeau, il n'y avait donc plus personne pour carillonner les heures. Et ce n'était pas un travail facile car, notre cloche étant fixe, on ne pouvait pas l'agiter d'en bas. On devait monter dans le clocher et tirer sur la corde pour obliger le battant à cogner contre le bronze.

Le drapier soupira :

– Emporté par son élan, il aura tiré sur la corde une fois de trop et, voulant arrêter le battant, il aura perdu l'équilibre.

Et ses cheveux, ils avaient été fauchés par un ange ?

Peu à peu, l'église se remplissait. Saint-Jean n'aurait pas de curé…

– Être roux et sonner treize fois, ricana le regrattier, le mauvais sort était sur lui.

– Dieu a jugé, décréta la marchande d'oublies. Envoyer dans une paroisse un prêtre roux !

– Tu ferais mieux de te taire ! gronda le drapier.

Lui semblait catastrophé. Le chaudronnier aussi, d'ailleurs. Le fabricant d'épingles, pareil. Et, à la réflexion, tous ceux qui étaient allés lui parler.

Je fus soudain frappé par un détail : il s'agissait des plus riches du village.

Et ceux qui s'étaient montrés méfiants pendant les vêpres étaient les pauvres.

– Regardez, s'exclama l'épinglier, il tient dans sa main… un petit morceau de tissu.

Le drapier se pencha :

– C'est du drap de manteau. Qualité ordinaire.

– Il se sera agrippé à quelque chose pour se retenir, supputa l'apothicaire.

Il y eut un silence, puis le chaudronnier, qui avait jusque-là sonné la cloche à la place du bedeau, déclara :

– Il n'y a rien en tissu dans le clocher.

– Mais alors, souffla la veuve du notaire, ça viendrait du manteau de… de…

– De son agresseur, confirma l'apothicaire.

À la lueur des chandelles, on se regarda avec effroi.

– Dieu de bonté ! murmura enfin le curé. Comment a-t-on pu… ? Et on lui a rasé les cheveux… (Il haussa le ton.) J'espère que le coupable n'est pas l'un de vous ! Croire que le roux porte malheur est absurde. Nous sommes tous les enfants de Dieu !

Le pèlerin se pencha sur le mort et fouilla la poche ventrale de sa bure.

– Vide, dit-il. Pas une des pièces qu'on lui a données.

Les pèlerins lui avaient donné de l'argent ? Alors qu'ils semblaient furieux contre lui ?

– A-t-il déposé cet argent au presbytère ? s'enquit l'apothicaire.

– Non, non, répondit le curé. Il l'a gardé sur lui, car il projetait de partir sitôt après avoir sonné minuit… Mon Dieu, on le lui a volé !

L'esprit troublé, chacun rentra chez soi. On ne pouvait pas gaspiller l'éclairage. Ce n'est pas l'argent qui manquait, mais les produits. La Dame Rouge, en fauchant artisans, commerçants, paysans, avait désorganisé le monde ; les champs étaient en friche, les marchandises ne circulaient plus.

À part ça, on n'avait jamais été aussi riches. La mort avait concentré tous les biens dans les mains des quelques survivants. Moi, par exemple, j'avais hérité seul de l'armurerie de mon père – et, sincèrement, je m'en serais bien passé. Pour me nourrir, je liquidais les réserves : épées, sabres, morceaux d'armure… Et chaque pièce vendue me faisait saigner le cœur.

J'entendis dans ma tête le grincement des charrettes qui emportaient les morts et, de nouveau, le remords m'assaillit. Celui de n'avoir pas mieux accompagné les miens. Depuis que plus personne ne mourait, ça me taraudait. Je me demandais comment j'avais pu les laisser partir ainsi.

IV

Je me réveillai en sueur. Les pèlerins ! Puisque personne ne pouvait entrer dans l'église en pleine nuit, le meurtrier était forcément parmi eux ! Je me rappelais leur colère quand ils avaient vu le roux aux vêpres, et leur embarras après lui avoir parlé. Ils l'avaient tué et récupéré leur argent !

J'ouvris la porte en trombe et bondis dehors. Mon cœur s'arrêta. Je venais de cogner dans quelqu'un.

Le drapier.

Il sursauta autant que moi.

– Ah, c'est toi… bredouilla-t-il, livide.

Il tenait à la main le morceau de tissu arraché au manteau du meurtrier. À la lumière du jour, on voyait qu'il était très ordinaire, d'un marron comme n'importe qui en portait, à part les seigneurs. Pourtant, il me rappelait quelque chose.

– J'allais vérifier l'état des manteaux des pèlerins, m'expliqua le drapier.

Autrefois, il ne se serait certainement pas justifié devant un jeune de mon âge, mais nous restions si peu, au village… Et son fils avait été mon ami.

Je lui demandai :

– Vous croyez qu'ils en ont contre les roux ?

– Contre les roux ou bien contre ce moine en particulier, va savoir.

Aucun manteau de pèlerin n'était déchiré. On aurait dû mieux réfléchir : on n'accédait pas au clocher par l'église, mais par la sacristie. Or les pèlerins ne pouvaient pas passer de l'église à la sacristie, puisque le curé fermait toujours à clé la porte de communication. Si les pèlerins se méfiaient des voleurs, le curé se méfiait des pèlerins, ou plutôt des faux-pèlerins-vrais-voleurs qui se glissaient parmi eux. En tout cas, aucun n'avait pu monter au clocher.

– Qui, alors ? s'inquiéta l'épinglier.

– Quelqu'un de chez vous, lâcha le chef des pèlerins, furieux qu'on les ait soupçonnés. Demandez-vous qui possède la clé de la sacristie.

– On y entre par le presbytère, répondit le curé, mais il faut vraiment le savoir. Aussi, je ne ferme jamais les portes de ce côté-là. Nous ne sommes même plus un bourg, à peine un village.

Quelqu'un du village serait coupable ? J'en fus suffoqué. Je vis défiler devant mes yeux tous ceux qui avaient été effrayés à la vue du roux.

Pourtant, qu'est-ce que ça leur faisait, puisqu'il ne restait pas ici ?

On ne résolut rien, et chacun retourna au travail. L'épinglier en profita pour me demander :

– Alors, Colin, ta décision ?

Chaque fois qu'il m'en parlait, l'horrible souffrance me reprenait, me rappelant que je n'avais plus de parents et que j'avais mal agi avec eux. Il ajouta :

– Je te traiterai bien, comme le veut la loi. Je ne te battrai pas, je te considérerai comme mon fils.

– J'aurais tellement aimé, soufflai-je, reprendre l'atelier de mon père.

– Mais tu n'as pas appris le métier, et personne ici ne peut te l'enseigner !

Il avait raison. J'avais refusé d'être l'apprenti de mon père et, aujourd'hui qu'il n'était plus là, ça me tourmentait.

– Tu préfères peut-être travailler avec le forgeron, soupira l'épinglier déçu.

Pas vraiment. Le forgeron m'impressionnait, surtout qu'il était sorcier.

Sorcier ! Certains utilisaient des cheveux de roux pour fabriquer des philtres ! Or il manquait des cheveux au moine.

Et le forgeron avait souri en le voyant aux vêpres.

D'autres aussi, d'ailleurs.

Je courus après l'épinglier :

– Pourquoi étiez-vous content qu'un roux célèbre les vêpres ?

Il parut stupéfait de ma question et répondit finalement :

– Chaque nuit, je suis hanté par le remords d'avoir déposé le corps de ma femme dans la rue, de ne l'avoir pas accompagné au cimetière.

Je ne vis pas de rapport avec le roux mais, évidemment, mon cœur se serra. Je murmurai :

– C'était la loi…

On se regarda tous les deux, et je crois qu'on se comprit.

Je me revoyais, tirant sur le pavé le corps de ma mère, puis celui de mon petit frère, les derniers à mourir, et cette image me torturait chaque jour un peu plus. Mais qu'est-ce que ça avait à voir avec le roux ?

– Il est effrayant, reprit l'épinglier d'une voix sourde, de découvrir comment la routine de la mort, alliée à la peur, arrive à vous dessécher le cœur.

Il repartit en secouant la tête et je restai là, à me demander en quoi la vue d'un roux pouvait soulager cette douleur.

Je m'approchai de l'étal de l'apothicaire qui écrasait des herbes dans son mortier. Prêchant le faux pour savoir le vrai, je chuchotai :

– C'est vrai, que les roux sont des créatures du diable ?

– Quelle sottise ! Ceux qui croient à ces sornettes sont des imbéciles !

Un peu vexé de passer pour un imbécile, je me tournai vers le drapier qui tenait l'échoppe voisine :

– Vous non plus n'avez pas peur des roux. Vous aviez même l'air heureux d'en voir un aux vêpres.

Le drapier parut embarrassé et se mit à compter ses tissus avec nervosité. J'insistai :

– Pourquoi ?

– Je ne peux te répondre, bougonna-t-il. Ça relève du secret.

Le secret ? Quel secret ?

V

On enterra le roux sans avoir résolu l'affaire. L'apothicaire était furieux que les pèlerins soient restés pour la cérémonie, mais ils ne pouvaient faire moins.

Dans son sermon, le curé souligna d'abord combien étaient impénétrables les desseins de Dieu. Ce saint homme que nous portions en terre avait parcouru le monde, traversé l'épidémie sans dommage et était venu mourir chez nous, poussé dans le vide par les mains d'un fou. Et là, il se mit en colère :

– Par peur de la couleur rousse ! Par peur du mauvais sort ! Des croyances de païens !

« Mauvais sort. » Quelqu'un en avait parlé, je n'arrivais pas à me rappeler qui. Quant à « parcouru le monde », ça me fit penser…

À la sortie de la messe, je m'approchai du groupe des bourgeois :

– Pourquoi vouliez-vous savoir s'il était allé à Jérusalem ?

Je ne m'attendais pas vraiment à ce qu'ils me répondent, mais encore moins à ce qui se passa.

Ils se regardèrent d'un air gêné, puis une lueur éclaira le regard de l'épinglier qui déclara :

– Si je comprends bien, il nous donnait à tous les mêmes pénitences.

Ne voyant pas le rapport avec Jérusalem, je m'étonnai :

– Moi, pour racheter mes péchés, j'ai des prières à réciter.

– C'est que toi, déclara le drapier, tu n'es pas assez riche pour payer.

– Payer quoi ?

Et je compris que ce dont il n'avait pas voulu me parler relevait du « secret »… de la confession.

Découvrant enfin qu'ils étaient tous concernés, le forgeron avoua :

– Moi, je dois faire dire des messes *par un prêtre roux et qui a effectué le pèlerinage de Jérusalem.* Il paraît que c'est la seule pénitence qui puisse réparer ce genre de faute.

Les autres hochèrent la tête, comme s'ils savaient ce qu'était cette faute et qu'ils avaient commis la même.

La même… Celle dont m'avait parlé l'épinglier ? Celle d'abandonner nos morts aux fossoyeurs ?

Oui. Ça nous avait protégés de la maladie, ça devait se payer.

Dans ce cas, aucun des bourgeois n'avait intérêt à tuer ce prêtre roux qui leur était tombé du ciel pour les aider à accomplir leur pénitence !

Qui alors ?

Je n'avais pas posé de question aux pèlerins. Eux avaient eu une réaction de colère à la vue du roux. Pourtant ils avaient fini par lui donner de l'argent.

Je réfléchis. Ils avaient fermé l'église pour que nul n'y entre… Mais rien ne les empêchait, eux, de sortir. Et de faire le tour pour gagner la sacristie !

Je relevai subitement la tête. Ils étaient en train de partir !

Ils ne partiraient pas comme ça. J'allais les accompagner un bout de chemin, ainsi qu'on le faisait traditionnellement avant que la Dame Rouge n'abatte son poing sur nous.

Je marchai un moment en chantant avec eux, puis jetai mon dévolu sur une grosse femme à l'apparence inoffensive :

– Vous aussi étiez furieuse contre le moine roux ?

Elle me lança un regard en coin, et je me rendis subitement compte qu'on avait tourné le grand virage et qu'on ne nous voyait plus du village.

– On a eu l'impression de se faire avoir, avec les pénitences, grommela-t-elle.

Un peu tendu, je soufflai :

– Quelles pénitences ?

– Votre curé nous a reproché de ne pas avoir aidé à enterrer les morts dans les villages que nous avons traversés. Mais on y aurait passé tout notre temps ! Enfin… Pour se racheter, on devait faire dire des messes *par un prêtre roux ayant effectué le pèlerinage de Jérusalem*. Sur le coup, on a pensé qu'il serait difficile à trouver. Seulement, quand on a vu le roux aux vêpres, on s'est demandé s'il n'y avait pas un arrangement entre le curé et lui pour se faire de l'argent.

– Pas du tout, affirmai-je. Le roux est arrivé là par hasard. Et c'est une pénitence que le curé donne aussi chez nous.

N'empêche, avec un roux au village voisin, le curé aurait été forcé de changer de pénitence. Il s'en fallait d'un poil qu'ils soient accusés de machination.

D'un poil… Ça me fit penser aux cheveux rasés du roux. Et, aussitôt après, à la tignasse ébouriffée du curé venant constater le crime. Et s'ils étaient ébouriffés non pas par le sommeil, mais par le vent du clocher ?

Devoir changer de pénitence était-il une raison suffisante pour tuer ? Franchement, ça ne valait pas la peine de risquer l'enfer.

Précipité depuis le clocher… Le clocher auquel on accédait par la sacristie… qui donnait sur le presbytère… que le curé habitait.

Il fallait que j'en parle à l'apothicaire. C'était l'homme le plus intelligent du village. Je plantai là les pèlerins et rentrai en courant.

L'apothicaire n'était pas dans son officine. En revanche… J'en restai suffoqué. Sur la table, il y avait une touffe de cheveux. Roux !

Saisi par l'angoisse, je reculai.

C'est là que je le vis. Il revenait ! Affolé, je bondis dehors, traversai la place et me précipitai vers le presbytère.

Au moment d'y entrer, je jetai un coup d'œil en arrière. L'apothicaire me regardait avec suspicion.

Je me précipitai à l'intérieur. J'étais entré chez l'apothicaire pour lui parler de mes doutes sur le curé et j'étais maintenant chez le curé pour faire l'inverse !

J'appelai dans l'entrée. Personne. Craignant que l'apothicaire me poursuive, je montai jusqu'à la chambre.

Elle était déserte.

L'armoire contenant les soutanes était grande ouverte et, subitement, je me souvins.

Je me souvins de ce que me rappelait le bout de tissu marron : le manteau que portait le curé en arrivant ici. Il avait voyagé déguisé en paysan pour ne pas se faire intercepter par d'autres paroissiens en manque de prêtre, c'est ce qu'il nous avait dit.

Je me mis à fouiller partout comme un fou, en tremblant de le voir s'encadrer dans la porte. Et je trouvai le manteau. Au-dessus de l'armoire. Il portait bien une déchirure !

Un pas dans l'escalier. J'eus un moment de panique.

– Qu'est-ce que tu fais là ?

Ce n'était pas le curé, c'était… l'apothicaire.

– Qu'est-ce que cet air bizarre ? reprit-il. Et pourquoi me fuyais-tu ?

Je cherchais avec affolement un moyen de filer, mais il bouchait la sortie.

Ils étaient de connivence ! Le curé et l'apothicaire qui paraissaient se disputer tout le temps !

Pris au piège, je lui tendis le manteau. Mon cœur battait atrocement.

L'apothicaire saisit le vêtement et fronça les sourcils. Puis, d'un coup, il se pencha par la fenêtre et appela le forgeron. Mes pensées galopaient dans ma tête aussi vite que mon sang dans mes veines. Le forgeron était sorcier. Les cheveux du roux, c'était peut-être pour lui.

Mon Dieu, aidez-moi. Si vous me tirez de là, je donnerai mon accord à l'épinglier pour devenir son apprenti. Mais attirez-le ici, qu'il me sauve !

VI

– Un homme de Dieu serait coupable d'assassinat ? s'exclama le forgeron. Et c'est toi qui l'as découvert ?

Il s'adressait à moi. Je bredouillai :

– Je… Eh bien…

Et là, le drapier entra. Avec l'épinglier !

Tous me fixaient d'un air ébahi. Je recouvrai mes esprits :

– Il n'est… peut-être pas… prêtre. Ce vêtement est un manteau de paysan.

– Il serait simplement paysan ? se révolta le forgeron.

Pour un homme qui *voyait les choses au-delà des choses*, il avait mis du temps à s'en apercevoir. Ne sachant plus de qui me méfier, je poursuivis en reculant prudemment vers la fenêtre :

– Je crois… qu'il ne sait pas lire. Il ne regarde jamais le missel.

– Un curé qui ne saurait pas lire ? fit le drapier d'un air choqué.

– Une mauvaise vue pour lire le missel, grinça l'apothicaire, mais assez bonne pour apercevoir des pèlerins sur la route.

L'épinglier observa :

– Alors, ce n'est pas le roux qui se trompait dans les prières des vêpres, c'est notre curé qui ne les sait pas. Il n'est pas plus curé que moi !

Me rappelant la réflexion de la marchande d'oublies, je commentai :

– Et il faisait passer ses prières pour meilleures contre la Dame Rouge.

– Mais pourquoi l'aurait-il tué ? protesta le drapier. Le moine partait.

J'avais la réponse :

– Une fois arrivé à Saint-Jean, le roux devait écrire à l'évêché pour expliquer pourquoi il ne s'installait pas ici. L'évêque se serait rendu compte de la supercherie.

– Le curé l'aurait tué à cause de ça ? s'ébahit l'épinglier. Pour ne pas être chassé d'ici ?

Il y eut un silence, puis le forgeron souffla :

– Bon sang, il n'envoyait peut-être pas de courrier dans les monastères.

Les autres le fixèrent avec des yeux ronds. Mes craintes finirent de s'évanouir et je m'étonnai :

– De courrier pour quoi ?

– Pour rechercher un prêtre roux en mesure de dire nos messes de pénitence, répondit l'épinglier.

Le forgeron s'emporta :

– Alors il gardait l'argent qu'on lui donnait pour payer ces messes ?

Il y eut un silence scandalisé, puis l'apothicaire déclara :

– Moi, il ne m'a jamais rien demandé. Il s'est toujours méfié de moi.

– J'aurais aimé qu'il se méfie de moi aussi, gémit le drapier. Je lui ai donné en tout…

Il ne dit pas combien.

– Et, reprit l'apothicaire, il a insisté pour nous faire croire au meurtre d'un *roux*, alors qu'il s'agissait du meurtre d'un *gêneur* ! Car le roux fichait doublement en l'air son petit commerce. En ruinant le rendement de sa pénitence, « seule à convenir à ce cas », et en attirant l'attention de l'évêque sur la présence ici d'un curé inconnu.

Le drapier rappela :

– Les pèlerins ont donné l'argent directement au moine. Le curé l'aurait récupéré sur lui ?

– Il estimait sans doute que c'était *son* bien, ricana l'apothicaire. Voilà pourquoi il accueillait *généreusement* les pèlerins. Voilà pourquoi il insistait pour qu'ils se confessent. Ils étaient une formidable source de revenus ! (Il eut un rictus amer.) Et il nous reprochait notre manque de charité !

– Son *sens du sacrifice*, sa *bonté*, renchérit le drapier, n'allaient pas jusqu'à donner les derniers sacrements aux mourants, ni à accompagner les morts au cimetière.

On se regarda, interloqués. On pensait tous la même chose : le curé nous avait ordonné « de faire sortir les défunts des maisons en les touchant le moins possible et de les déposer dans la rue, à minuit, pour que les fossoyeurs fassent leur besogne sans risque de contagion pour personne. »

Il ne voulait pas qu'on accompagne nos parents au cimetière pour ne pas avoir à bénir leur corps ! Et le pire était qu'il avait organisé lui-même notre faute et se faisait rétribuer pour l'absoudre !

Du moins par les riches. Les pauvres, il n'en aurait rien tiré.

– Fumier, grommela le forgeron.

La colère m'envahit :

– Il ne va pas s'en tirer comme ça. Je l'étranglerai de mes mains !

L'épinglier me posa amicalement la main sur le bras :

– La justice fera son travail. Étrangler ce meurtrier de tes mains ne te donnerait que des remords.

On aurait cru qu'il était mon père. Et, en réalité, ça me fit du bien. J'avais besoin de me reposer sur la décision des adultes.

Je me penchai par la fenêtre et interpellai la marchande d'oublies :

– Vous n'avez pas vu le curé ?

– Si. Il y a un instant. Il a voulu entrer chez lui et il est reparti en vitesse. Il a emprunté le cheval du forgeron, il allait donner l'absolution à un mourant.

L'absolution à un mourant. Comme si c'était son genre ! Il nous avait aperçus par la fenêtre ouverte et avait filé, oui !

On descendit l'escalier en courant. Hélas, ça ne servait plus à rien. On s'était fait avoir.

– Comment le retrouver maintenant ? ragea l'apothicaire. Et il va recommencer son manège ailleurs. Des églises qui manquent de curé, il n'y a que ça. Il sera accueilli à bras ouverts !

Moi, malgré la colère, je me sentais un peu mieux, moins coupable. Pour ma mère, pour mon frère, je n'avais fait qu'obéir au curé.

– Il revient, souffla soudain l'épinglier.

VII

L'épinglier avait raison, le cheval blanc du forgeron venait de réapparaître dans le virage. Le curé revenait. Il n'était donc pas l'assassin !

C'est là que, subitement, je repensai aux cheveux dans l'officine. L'apothicaire ! Il avait été satisfait de voir le roux aux vêpres, alors qu'il n'était pas concerné par la fameuse pénitence. Et si c'était lui qui, se rappelant le manteau marron du curé, en avait arraché un morceau pour le faire accuser ?

D'un bond, je lui sautai dessus et lui coinçai le cou avec mon bras. Il était vieux, j'étais plus fort que lui.

– C'est vous qui avez tué le roux, hein ?

– Qu'est-ce qui te prend ? fit-il, suffocant.

– J'ai vu les cheveux du roux dans son officine, criai-je aux autres.

Ils semblèrent atterrés.

– Je... articula mon prisonnier. C'est pour une potion.

– Quel genre de potion ? s'intéressa le drapier.

– Les... les roux sont... costauds. Regardez Attila, Richard Cœur de Lion, Guillaume le

Conquérant. J'ai pensé que ça pouvait constituer un fortifiant. Mais je ne l'ai pas tué, il était déjà mort, je suis arrivé le premier et...

– Facile, lançai-je. Vous étiez le premier au courant, puisque vous l'aviez poussé.

L'apothicaire cria quelque chose, mais je n'écoutais plus. Les yeux rivés sur le cavalier qui arrivait, je desserrais peu à peu mon étreinte. Le cheval était bien celui du forgeron, seulement le cavalier n'était pas le curé. Je reconnus un des pèlerins. S'arrêtant près de nous, il dit :

– Je ramène l'animal et ceci.

Et il détacha de sa ceinture une bourse de cuir en expliquant :

– Nous avons vu arriver ce cheval au grand galop. Avec votre curé sur le dos. Un coursier n'est pas une monture pour un homme d'Église, hein ? Il nous a crié de nous écarter et a voulu traverser notre groupe en force. Alors je l'ai attrapé par sa soutane, et voici ce qui en est tombé.

Il tendit la bourse au drapier. Elle était pleine d'argent.

– Nous avons reconnu les parisis[1] que nous avions donnés au moine, poursuivit le pèlerin, et nous les avons repris. Ces pièces-ci sont sans doute à vous, puisque, d'après ce garçon (il me désigna), vous aviez les mêmes pénitences que nous.

1. Une des nombreuses monnaies. Les parisis étaient frappés à Paris.

– Merci Colin, ricana l'apothicaire en se massant douloureusement le cou.

– Ce curé est un voleur, reprit le pèlerin. Nous allons l'emmener pour le livrer à la justice.

– C'est aussi un criminel ! s'exclama le drapier. Et il n'est pas curé. Emportez son manteau et le morceau de tissu qu'on a trouvé dans la main du mort, c'est la preuve qu'il est coupable. On va vous laisser le cheval pour rejoindre votre groupe et…

– Colin fera très bien l'affaire, décréta l'apothicaire. (Il me lança un regard ironique.) Pour ta peine, tu accompagnes ce brave homme et tu ramènes le cheval.

Quand je fis ma réapparition au village, je n'étais pas très fier de moi. Je laissai le cheval à la forge et cherchai une astuce pour rentrer chez moi sans passer devant l'officine de l'apothicaire.

Il n'y en avait pas. Serrant les dents, je me préparai donc à m'excuser, ce qui n'est jamais facile. L'épinglier m'interpella depuis son échoppe :

– Alors, Colin. As-tu réfléchi ? (Il redressait un fil de laiton en le passant dans une série de trous percés dans des plaques.) Veux-tu être mon apprenti ?

Il saisit une petite tête de métal et frappa au marteau pour la fixer au bout du fil.

– J'ai réfléchi, dis-je. C'est d'accord.

J'avais promis à Dieu. Et puis, tout compte fait, ça ne me déplaisait pas.

– Bonne recrue, ricana l'apothicaire depuis son étal. Je suis sûr qu'avec la force qu'il a, il n'aura même pas besoin de marteau pour frapper les têtes d'épingle.

Je répliquai aussi sec :

– C'est que j'ai dû téter, avec le lait de ma mère, de l'élixir de roux.

Il y eut un court silence pendant lequel je me rendis compte que je ne m'étais nullement excusé. Mais tout le monde s'esclaffa. Et il y avait si longtemps que nous n'avions pas ri…

L'épée de la Pucelle

Christian Grenier

RÉCEMMENT RETROUVÉ, cet interrogatoire ferait partie de l'enquête ordonnée en 1452 par le cardinal d'Estouteville, enquête qui servit de base juridique au procès en nullité de la condamnation de Jeanne d'Arc.

Ordonné par le pape Calixte III le 11 juin 1455, on sait que ce procès aboutit, le 7 juillet de l'année suivante, à la réhabilitation de la Pucelle.

Bien qu'il corrobore les informations que nous possédons déjà, l'authenticité de ce document paraît douteuse, le nom de Guillaume Duchêne (ou Duchesne) étant inconnu des historiens. Nous avons cru cependant utile de le porter à la connaissance du public.

Pour des raisons de lisibilité, il a été simplifié et retranscrit en français moderne. L'objet sans doute joint à ce texte n'a pas été retrouvé.

JUGES : Veuillez décliner vos identité, âge et états de service.

PIERRE : Je m'appelle Pierre du Lys, j'ai quarante-deux ans. Je suis chevalier et chambellan du roi, et marié à Jeanne Baudot de Domrémy.

JUGES : Vous êtes bien l'un des frères de celle qu'on appelait Jeanne la Pucelle ?

PIERRE : Oui. Mes parents, Jacob d'Arc et Isabelle Romée, ont eu cinq enfants, deux filles et trois garçons. Je suis leur troisième fils. Jeanne était la cadette.

JUGES : Pierre d'Arc, vous êtes ici pour témoigner du rôle qu'aurait pu jouer dans la vie et le destin de Jeanne un certain Guillaume Duchêne. Comment est-il arrivé à Domrémy ?

PIERRE : Les faits remontent au printemps 1425… Jeannette avait alors treize ans et moi quinze. Un vendredi matin, alors que Mengette Zabillet était partie au Bois Chenu pour y faire des fagots, elle revint en courant au village. Elle affirmait avoir découvert là-bas un homme nu et apparemment sans vie. Aussitôt, les filles firent grand tapage.

JUGES : Pourquoi ?

PIERRE : Parce que le Bois Chenu était leur domaine ! Elles y allaient souvent pour manger des lunes[1], danser et chanter sous l'arbre aux fées, un vieux hêtre proche de la fontaine des fiévreux.

1. La lune est une galette sucrée.

JUGES : Quand vous dites les filles, Pierre, vous entendez également Jeanne ?

PIERRE : Jeannette aimait se rendre au Bois Chenu avec ses compagnes mais elle ne dansait jamais.

JUGES : Cet arbre aux fées avait-il déjà mauvaise réputation ?

PIERRE : Non. L'arbre réputé maléfique n'était pas ce hêtre, mais un coudrier tout proche, enlacé par une mandragore, qu'on appelle aussi herbe des magiciens ou navet du diable. Qu'un inconnu fût trouvé à cet endroit un vendredi matin avait de quoi inquiéter le village.

JUGES : À cause de la proximité du coudrier et de la mandragore ?

PIERRE : Parce que, dans la nuit du jeudi au vendredi, les sorcières se livrent au sabbat.

JUGES : Poursuivez, Pierre d'Arc.

PIERRE : Plusieurs hommes de notre village de Domrémy, munis de fourches, se sont rendus là-bas, notre bon curé Guillaume Frontey en tête.

JUGES : Munis de fourches, dites-vous ?

PIERRE : Nous pensions que ce pouvait être un piège. L'année d'avant, le brigand Eustache de Vernancourt avait ravagé la région. Et le mois précédent, Henri d'Orly était venu s'emparer de nos troupeaux.

JUGES : Qu'avez-vous trouvé ?

PIERRE : Nous avons découvert dans la clairière un adolescent inconscient, allongé non pas sous le hêtre mais sous un chêne. Il respirait encore. Avait-il été assommé ? Bientôt, il est revenu à lui. Interrogé, il a répondu à nos questions avec difficulté.

JUGES : C'est-à-dire ?

PIERRE : Il comprenait mal nos questions. Lui-même s'exprimait dans un curieux langage. Ce n'était pas de l'anglais, Dieu merci. Le curé a affirmé que ce garçon semblait entendre trois mots de latin. D'ailleurs il portait au cou, attachée à une chaînette, une petite croix de bronze. Fût-il du parti bourguignon, ce drôle était du moins chrétien.

JUGES : Comment a-t-il justifié sa présence à cet endroit ?

PIERRE : Justement, nous n'avons rien compris à ce qu'il nous expliquait. Nous avons pensé qu'il s'agissait d'un mendiant, pèlerin ou vagabond qui avait été rançonné et dévalisé. Il ne portait aucune blessure, avait front large, menton volontaire et allure vigoureuse. Peut-être avait-il reçu un coup qui lui avait fait perdre la mémoire ? Le malheureux fut incapable de nous dire comment il s'appelait… Notre curé Guillaume l'a habillé, recueilli, et constaté qu'il connaissait les offices religieux. Les jours suivants, nous l'avons montré aux habitants de Midrevaux, Mont-L'Étroit,

Bagneux, Bertheville… Personne ne put l'identifier. Le jeune homme ne souhaitait pas s'éloigner. Il cherchait à se rendre utile à la vigne, aux labours, aux champs, et faisait preuve d'une ardeur à la tâche peu commune. L'un de nous accepterait-il de le prendre en charge ? nous a demandé le curé.

JUGES : Est-ce parce que votre curé s'appelait Guillaume Frontey que ce jeune inconnu fut ainsi prénommé ?

PIERRE : Oui. Et quand on nous interrogeait à son sujet, nous ne comprenions pas toujours de quel Guillaume il s'agissait, nous demandions :

– Vous parlez de qui ?

– L'homme du chêne ! nous répondait-on.

Cela devint Guillaume Duchêne. À Sermaize, l'un de nos oncles, couvreur, cherchait un apprenti. On lui amena Guillaume mais il s'enfuit et revint au village pour déclarer qu'il voulait travailler chez Michel, notre forgeron.

JUGES : Michel a-t-il accepté ?

PIERRE : Non, car il avait déjà deux aides. Guillaume insista. Il fit preuve de tant d'habileté à la tâche que Michel, au bout d'une semaine, convint que le nouveau venu ferait un bon forgeron. Il s'intégra à la forge, façonna son propre tablier de cuir et devint très vite habile à l'établi.

JUGES : Quelles étaient ses relations avec Jeanne ? S'intéressait-il à elle ?

PIERRE : Non. Guillaume participait aux fêtes du village mais il ne fréquentait pas les filles. Il s'exprimait comme un bon chrétien, allait à la messe et à confesse. Je ne me souviens pas l'avoir vu approcher Jeannette ni lui parler. Il était dur à l'ouvrage. Michel avait remarqué que, le soir très tard ou avant l'aube, il confectionnait avec amour un objet qu'il ne souhaitait pas qu'on vît. C'est trois ans après son arrivée que nous avons appris qu'il s'agissait d'une épée.

JUGES : Aujourd'hui, vous soupçonnez Guillaume d'avoir confié cette épée à Jeanne, lors des événements de l'été 1428. Pourriez-vous nous les conter en détail ?

PIERRE : En juin 1428, notre bon village de Domrémy fut envahi par les troupes de Vergy. Des bandes armées faisaient grand ravage alentour. La plupart des habitants allèrent chercher refuge dans la ville forte de Neufchâteau. Pendant de longues semaines, nous y sommes restés désœuvrés. C'est là que Jeanne apprit à monter à cheval et à combattre. Elle avait seize ans.

JUGES : Qui lui enseigna ces deux arts ?

PIERRE : La Rousse, une femme qui tenait auberge, et les gens d'armes qui fréquentaient sa maison. Guillaume Duchêne s'était mêlé à eux. À les entendre, la rapidité et la dextérité dont Jeanne faisait preuve étaient remarquables. Ceux qui ont eu la chance de l'apercevoir à ce moment-là en étaient stupéfaits tant, disaient-ils, la frêle Pucelle maniait sa lourde épée avec l'aisance et l'habileté d'un jongleur jouant avec une balle.

JUGES : Cette épée, vous l'avez donc vue à ce moment-là ?

PIERRE : Non. J'allais parfois boire ou chercher ma sœur dans l'auberge de la Rousse mais je n'ai jamais franchi la cour.

JUGES : Que Jeanne décidât de chevaucher et de combattre n'a pas étonné vos parents ?

PIERRE : Non. Pendant notre séjour à Neufchâteau, notre famille s'est dispersée. Voilà trois ans que Jeanne taisait son secret, ces voix qui lui intimaient l'ordre de bouter les Anglais hors de France. Peut-être a-t-elle jugé ce séjour propice à se préparer à d'éventuels combats. Ses dons dans l'art de la guerre se sont révélés à ce moment-là.

JUGES : Guillaume l'aurait-il influencée dans ce sens ?

PIERRE : Je l'ignore. Mais durant ces quelques semaines, Jeanne et lui se sont mieux connus, c'est certain.

JUGES : Vous savez quelle dispute a opposé Guillaume et son maître, le forgeron Michel. Pouvez-vous nous en parler ?

PIERRE : Quand nous avons regagné le village à l'automne, Jeanne a repris sa vie quotidienne de labeur. Elle filait, allait à la charrue, à la herse et gardait le troupeau communal. Elle ne monta plus à cheval. À ce jour, hormis Guillaume et sans doute le maître forgeron, nul habitant de Domrémy n'avait vu l'épée avec laquelle ma sœur avait fait merveille pendant l'été. À mon avis, l'arme avait été remisée à l'atelier, sous la garde de celui qui l'avait confiée puis reprise à Jeanne.

JUGES : En avez-vous la preuve ?

PIERRE : Non, c'est là mon sentiment.

JUGES : Poursuivez, Pierre… Cette dispute ?

PIERRE : Or, un lundi d'octobre, Michel envoya Guillaume livrer à Chaligny une grande quantité de couteaux et chandeliers. En son absence, le seigneur d'Abricourt et son équipage, qui se dirigeaient vers Trèves et Cologne, firent une brève étape à Domrémy. Le temps que trois chevaux de son escorte fussent ferrés à neuf, le seigneur s'enquit auprès du maître de forges : n'aurait-il pas à lui céder une belle et bonne épée ? Il était prêt à payer en écus d'or. Michel voulut répondre qu'il n'avait rien à proposer quand il pensa à l'arme qu'avait forgée son apprenti. Il devait savoir où elle était remisée puisqu'il la montra à d'Abricourt. Ce dernier fut séduit et si impressionné qu'il en proposa trois fois le prix que Michel en eût demandé. À sa place, qu'auriez-vous fait ?

JUGES : ...

PIERRE : Michel la lui vendit sans marchander, certain que Guillaume lui saurait gré d'avoir obtenu une telle somme de cette arme. C'était la première que forgeait son apprenti et l'offre était inespérée. Mais quand Guillaume, de retour, apprit que le maître de forges s'était séparé de son épée, il entra dans une fureur formidable. Il sella le premier cheval qu'il trouva et prit la route de Trèves à bride abattue avec la bourse que le seigneur d'Abricourt avait remise à Michel. Guillaume ne revint que le lendemain midi. Nombreux, au village, furent ceux qui le virent arriver, épaules basses, chargé de la fameuse épée emmaillotée dans un grand linge taché de sang.

– Ventrebleu ! s'écria Michel, que s'est-il passé ? Mon pauvre garçon, qu'as-tu fait ?

– Rien, répondit Guillaume dont le visage était plus blanc qu'un linceul. Je suis allé reprendre cette arme mais il était trop tard.

Nous avons pressé Guillaume de questions, il se contenta de réponses évasives. Nous apprîmes la vérité quelques jours plus tard, grâce aux échos rapportés par des voyageurs qui avaient interrogé les témoins du drame...

Quand Guillaume, cette nuit-là, était entré dans la cour de la demeure où le seigneur et son équipage avaient fait halte, on l'avait aussitôt conduit dans la salle d'armes. Car d'Abricourt avait souhaité éprouver son acquisition et s'entraîner avec ses gens. Ils auraient découvert d'Abricourt entouré de ses hommes qu'il avait égorgés ou transpercés. Lui-même gisait à terre, baignant dans son sang, sa propre épée lui ayant traversé le corps. Il aurait désigné ses hommes et murmuré : « J'ai été pris de folie, Dieu m'ait en sa garde ! »

JUGES : Aurait-il retourné cette arme contre lui ?

PIERRE : Difficile à admettre. Et impossible de le savoir. À en croire ceux qui ont assisté à la scène, Guillaume s'est agenouillé devant le seigneur mourant, lui a tendu la bourse et l'a prié de le laisser récupérer l'épée. D'Abricourt lui a rétorqué : « Reprends-la. Et garde cet argent, il est désormais maudit ! » Après quoi il a expiré.

JUGES : Comment savez-vous que cette épée était celle qu'avait utilisée la Pucelle pendant l'été ?

PIERRE : Je n'affirme rien. Vingt-cinq ans plus tard, je rapproche une série de faits. À Domrémy, hormis ma sœur, Guillaume et Michel, personne encore n'avait vu cette épée.

JUGES : Parlez-nous de la mort d'Henri, à présent.

PIERRE : L'événement est survenu deux mois plus tard, en décembre. C'était un samedi, jour consacré à la Vierge. Comme chaque semaine, Jeanne, notre sœur Catherine ainsi que plusieurs jeunes filles du village se rendirent l'après-midi en pèlerinage à Notre-Dame-de-Bermont, un ermitage situé sur la colline, près du village voisin de Greux. Elles découvrirent le corps d'Henri au milieu du chemin. Le jeune homme portait au cœur une plaie sanglante et nette, il était mort. La plus affligée de cette découverte fut Jeannette. Elle se répandit en cris, gémissements et pleurs.

JUGES : Jeanne et Henri se connaissaient bien ?

PIERRE : Oui. Au village, Henri était un garçon de la bande à Colin.

JUGES : Colin se moquait souvent de Jeanne, n'est-ce pas ? De sa dévotion ? Du fait qu'elle refuse de fréquenter les garçons et de se mêler à leurs jeux ?

PIERRE : Oui, mais Henri, lui, n'approuvait pas ces quolibets.

JUGES : Peut-on penser qu'ils aient pu, sinon s'être secrètement promis l'un à l'autre, du moins partager les mêmes sentiments affectueux ?

PIERRE : Non… non, cela me semble peu probable. En décembre 1428, cela faisait trois ans et demi que Jeanne entendait ces voix qui lui intimaient l'ordre de venir au secours du roi de France !

JUGES : Ces apparitions de saint Michel, sainte Catherine et sainte Marguerite, vous en avait-elle alors parlé ? À vos parents ou à vos sœurs ?

PIERRE : Jamais. Les seuls à qui elle s'était sans doute confiée étaient son oncle et confident Durand Laxart et le curé Guillaume Frontey.

JUGES : Jeanne ne fréquentait donc pas Henri ?

PIERRE : Ni Henri ni aucun autre garçon. Plus tard, au siège d'Orléans, elle me révéla que, dès l'âge de treize ans, elle avait fait vœu de virginité et songeait à sa future mission.

JUGES : Pourtant, fin 1428, c'est l'époque où vos parents la poussaient au mariage ?

PIERRE : C'est vrai. Et si Jeannette avait dû prendre époux, c'est Henri qu'elle aurait choisi. Il avait pour ma sœur une pure et puissante affection. Au village, ce n'était un secret pour personne… Henri, qui avait mon âge, m'en avait fait la confidence.

JUGES : Et vous niez qu'elle l'eût aimé ?

PIERRE : Jeannette accordait sa tendresse à tous ceux qu'elle fréquentait, surtout aux plus démunis. Mais elle ne songeait pas au mariage.

JUGES : Votre père, à la fin de l'année précédente, avait fait un songe étrange, n'est-ce pas ?

PIERRE : Oui. Il avait rêvé que Jeanne s'en irait avec des gens d'armes et qu'il lui adviendrait grand malheur. Plus d'une fois, après qu'il eut fait ce méchant cauchemar, je l'ai entendu affirmer :

« Si je croyais que cette chose advînt, je voudrais que vous la noyiez et, si vous ne le faisiez, je la noierais moi-même. »

JUGES : Votre père craignait donc que Jeanne ne parte. Il insistait pour qu'elle se marie, ce qui l'aurait mise à l'abri du destin funeste qu'il avait pressenti. Jeanne lui obéissait en tout. S'il lui avait intimé l'ordre de prendre époux, l'aurait-elle fait ?

PIERRE : Comment savoir aujourd'hui ?

JUGES : La mort de ce soupirant aurait-elle précipité la décision de votre sœur ?

PIERRE : Peut-être. C'est une semaine après la mort d'Henri, quatre jours avant la Noël 1428, qu'elle se rendit à Vaucouleurs pour la première fois afin de révéler à Robert de Baudricourt la mission dont Dieu l'avait chargée.

JUGES : Revenons à Henri. Après la découverte de son corps, c'est vous que Jeanne a appelé ?

PIERRE : Moi, nos frères Jean et Jacquemin, le curé... Nous avons transporté au village la dépouille du défunt. Il a été inhumé le lendemain.

JUGES : À quoi ressemblait la blessure qui l'avait tué ?

PIERRE : À un coup d'épée. Une large épée, à double tranchant. Une arme de chevalier, lourde, puissante. Aucun de nous à Domrémy n'en possédait une de cette taille. L'assassin ne s'y était pas repris à deux fois. La blessure était profonde et propre. La main qui l'avait causée n'avait pas tremblé.

JUGES : Vous évoquez un assassinat. Ne peut-on imaginer qu'il y ait eu combat loyal, puisque le coup avait été porté de face ?

PIERRE : Non. Henri n'était pas armé. L'étonnant est qu'il n'ait pas cherché à fuir ou à se défendre. D'autre part, il n'avait rien à faire à Notre-Dame-de-Bermont.

JUGES : Que suggérez-vous par là ?

PIERRE : Tout porte à croire qu'il avait rendez-vous à cet endroit et connaissait son futur meurtrier.

JUGES : Vous pensez savoir qui l'a tué ?

PIERRE : J'ai aujourd'hui des présomptions qui autrefois ne m'ont pas effleuré.

JUGES : Est-ce ledit Guillaume Duchêne que vous soupçonnez ?

PIERRE : À l'époque, on a cru qu'un maraudeur ou un brigand avait commis cet acte abominable. C'est au fil des années et à cause de la suite des événements que j'ai envisagé…

JUGES : Ce jour-là, Guillaume avait-il quitté la forge ?

PIERRE : Je ne m'en souviens plus. C'est peu probable, Michel ou l'un de ses aides s'en serait aperçu. Il est vrai qu'aller à cet ermitage et en revenir ne demande guère de temps.

JUGES : Guillaume aurait-il lui aussi aimé Jeanne en secret ? Aurait-il nourri quelque jalousie envers ce rival potentiel ?

PIERRE : Non, je suis sûr que non ! Par la suite, quand Guillaume et moi avons accompagné Jeanne, son attitude ne fut jamais ambiguë. Il était fier d'être l'un de ses compagnons d'armes, il l'a protégée à maintes reprises et lui a sauvé la vie deux fois !

JUGES : Précisément...

PIERRE : Non. Guillaume avait pour Jeanne une dévotion désintéressée, une admiration dénuée de toute espérance. Non.

JUGES : En ce cas, pourquoi le soupçonnez-vous ?

PIERRE : Je le soupçonne moins que son épée. C'est l'épée qu'il avait forgée qui a tué Henri ! Seule une telle arme avait pu causer cette fatale blessure.

JUGES : Pierre, insinuez-vous que cette épée aurait frappé ses victimes sans qu'une main criminelle la guide ?

PIERRE : Non ! Là encore, ce sont des impressions, des convictions. Je n'ai aucune preuve à apporter.

JUGES : Pourquoi n'avoir pas fait part de vos doutes à l'époque ?

PIERRE : Cette épée, je ne l'ai vue pour la première fois que le 3 mars de l'année suivante.

Pendant l'hiver, la détermination de Jeanne n'avait fait que grandir. Elle se sentait prête, impatiente d'agir. Mais notre père refusait qu'elle parte. Contre son avis, elle quitta Domrémy le jour de l'Épiphanie pour se réfugier neuf semaines chez Durand Laxart, à Burey. L'on sait comment, grâce à notre appui et à celui de nos amis, elle se rendit à Vaucouleurs et parvint à convaincre le sieur Robert de Baudricourt de lui confier une petite escorte qui parvint à Chinon onze jours plus tard.

JUGES : Cette escorte, en faisiez-vous partie ?

PIERRE : Non. Au début de l'an 1429, les événements se sont déroulés plus vite que nous ne l'escomptions. Quand nous apprîmes à Domrémy que Jeanne avait quitté Vaucouleurs le 12 février accompagnée d'un chevalier, d'un écuyer et de quatre serviteurs, ce fut une grande surprise. Je me souviens de la colère de Guillaume :

– Jeanne en route pour Chinon ? disait-il. Mais en quel équipage ?

– En habit d'homme ! précisa l'un des gens de Baudricourt venu jusqu'à Domrémy nous conter son départ. Et les cheveux tondus en rond à la façon des jeunes gens ! Elle portait une chemise, des braies, un pourpoint avec des chausses liées par vingt aiguillettes, des souliers hauts lacés en-dehors, des bottes et de longs éperons.

– Était-elle armée? demanda encore Guillaume.

– Oui. Le sieur de Baudricourt lui a fait cadeau d'une épée.

Aussitôt, Guillaume demanda à Michel la permission de vaquer un jour ou deux. Le forgeron refusa car la besogne ne manquait pas. Maître et apprenti en vinrent à se disputer.

Deux jours plus tard, Guillaume partit. Avec l'épée. Et il ne revint pas. À Domrémy, nul ne le revit.

JUGES : Mais vous, Pierre, vous le revîtes ?

PIERRE : Oui. À Tours, où mon frère Jean et moi avions résolu de rejoindre Jeanne. Car entretemps, elle avait obtenu une entrevue avec le dauphin, subi l'interrogatoire des théologiens de l'université de Poitiers, un examen de virginité, une enquête de moralité... Celui qui deviendrait Charles VII avait autorisé notre sœur à participer aux opérations militaires. L'écho de son aventure arriva jusqu'à Domrémy, il fit d'ailleurs grand bruit dans le royaume de France. Nombreux furent alors ceux qui rejoignirent la Pucelle pour l'aider à vérifier la première de ses prédictions : délivrer Orléans occupée par les Anglais.

JUGES : Parlez-nous de cette épée, Pierre.

PIERRE : Dans les derniers jours de mars, quand mon frère Jean et moi avons retrouvé Jeanne près de Tours, dans ce vaste camp militaire, nous l'avons à peine reconnue. Entourée d'hommes d'armes qui lui vouaient une totale dévotion, elle s'apprêtait à partir pour Orléans y combattre l'Anglais. Chaque jour, sa troupe grossissait de volontaires venus des quatre coins du royaume. Jeanne s'exerçait à revêtir l'armure avec laquelle elle irait au combat. Je lui ai demandé quelle était cette épée qu'elle avait au côté.

– C'est celle que m'a donnée Robert de Baudricourt le mois dernier, me répondit-elle avec embarras. Mais elle ne me convient pas.

J'arguai qu'elle était pourtant courte et légère.

– C'est une autre qu'il me faut, m'affirma-t-elle. Mon frère, je ne peux abandonner les hommes qui m'entourent et aller chercher l'arme que Dieu m'a destinée. C'est donc toi que je charge de me la rapporter.

– Une autre épée ? Mais laquelle ?

– Tu la trouveras à quelques lieues d'ici, dans la chapelle de Sainte-Catherine-de-Fierbois. Va, mon frère, va. Le temps presse !

Je ne voulus pas la quitter sans qu'elle répondît à mes questions. Comment pouvait-elle être sûre que je découvrirais une épée là-bas ? Et quelle preuve avait-elle que Dieu la lui envoyait ?

– Le 22 février, me confessa-t-elle, la veille de notre arrivée à Chinon et trois jours avant que je ne rencontre notre gentil dauphin, c'est dans cette chapelle que je me suis recueillie. C'est là que Dieu m'a livré le signe qui m'a permis de reconnaître Charles dans la foule de ses courtisans, là qu'Il m'a révélé les quatre objets de ma mission : les Anglais lèveront le siège d'Orléans, le roi sera sacré à Reims, Paris rentrera dans l'obéissance et le duc d'Orléans reviendra de sa captivité. C'est dans cette chapelle que m'attend l'épée qui me permettra d'accomplir la mission qu'Il m'a confiée.

À cet instant, je n'ai plus douté. Hélas, l'avenir apporterait d'étranges preuves de ce que Jeanne m'avait déclaré.

JUGES : Qu'avez-vous fait?

PIERRE : Je me suis rendu, seul, à l'endroit qu'elle m'avait indiqué. La nuit tombait. Longtemps, je tournai en rond et croyais m'être égaré quand je distinguai, dans l'obscurité, une faible lueur, vers laquelle je me dirigeai. Elle provenait de l'intérieur d'une chapelle, sans doute celle que je cherchais. Je laissai mon cheval à côté d'une autre monture, dont la longe était accrochée au mur du bâtiment. Dès l'entrée, j'aperçus au premier rang un unique fidèle en prière, en robe de bure, le visage caché dans les mains.

Mais ce qui attira mon regard fut l'épée posée sur l'autel. Une arme lourde et magnifique, au manche superbement ouvragé, à la longue et large lame dont le tranchant semblait briller mille fois plus que les pauvres cierges qui l'entouraient. Je m'approchai de l'inconnu et m'agenouillai à son côté. J'ignore combien de temps nous restâmes ainsi. Il se releva le premier. Alors seulement je le reconnus.

JUGES : C'était Guillaume ?

PIERRE : Oui. Lorsqu'il me vit, il sursauta et parut déçu.

– Ainsi, dit-il, c'est toi que Jeanne envoie ?

– Elle n'a pas voulu quitter ses hommes. Que fais-tu là, Guillaume ?

– La même chose que toi, me répondit-il avec une gravité qui m'impressionna. Je viens aider la Pucelle à accomplir sa mission. Dieu nous ait en Sa garde !

Comme je lorgnais l'épée, il me jeta :

– Qu'attends-tu pour la prendre et la lui remettre ? N'est-ce pas ce que Jeanne t'a ordonné ?

JUGES : Lui avez-vous demandé si c'était lui qui avait forgé et apporté cette arme ?

PIERRE : Non. À l'époque je n'ai pas compris ces liens qu'aujourd'hui je devine tissés depuis si longtemps.

JUGES : Qu'avez-vous fait ?

PIERRE : Dans la nuit, nous avons rejoint le camp et devisé. Guillaume m'avoua qu'il avait résolu de quitter le forgeron Michel. Grâce aux écus que le sieur d'Abricourt lui avait rendus, il s'était procuré un mauvais cheval et un modeste habit. Jeanne, qui ne dormait pas, nous a accueillis sans marquer de surprise. Elle a saisi l'épée et son visage s'est illuminé. Elle s'est tournée vers nous et a murmuré :

– Je suis si heureuse de te retrouver ! Grâce à toi, je sais que nous ferons merveille.

JUGES : Ces paroles, à qui les adressait-elle ? À Guillaume ? À l'épée ? À vous-même ?

PIERRE : Je ne sais, mais elles ont marqué ma mémoire.

JUGES : Ensuite, que s'est-il passé ?

PIERRE : Nous avons participé à la libération d'Orléans assiégée. Notre frère Jean, qui observait notre sœur au combat, ne cessait de me répéter :

– As-tu vu comme elle manie l'épée ? Entre ses mains, on jurerait qu'elle ne pèse rien !

C'était vrai. Avec elle, Jeanne faisait grand carnage, alors que notre sœur n'avait du métier des armes que le bref maniement exercé à Neufchâteau l'an passé. Grâce à sa vaillance, et avec l'aide de Dieu, elle nous permit de reprendre aux Anglais non seulement Orléans mais aussi Jargeau, Meung-sur-Loire, Beaugency. Et Patay, le 18 juin ! Ensuite, elle alla de victoire en victoire à Auxerre, Troyes, Châlons… Je n'ai pas souvenance d'un coup qu'elle ait mal porté ou d'une blessure qu'elle eût reçue tant qu'elle eut cette épée en main.

JUGES : Jeanne fut pourtant blessée. Et elle subit des revers.

PIERRE : Aucun jusqu'au sacre de notre roi Charles VII, à Reims, le 17 juillet. Presque tout Domrémy était présent. Jeanne insista pour pénétrer dans la cathédrale vêtue de son armure, et armée. Les prêtres s'y fussent opposés si le roi n'avait déclaré qu'il l'y autorisait. Qu'une bannière entrât dans la cathédrale ne causait pas scandale, il n'en était pas de même pour une épée. C'est là qu'elle prononça ces mots :

– Ayant été à la peine, il est juste qu'elle fût à l'honneur.

JUGES : Ces paroles concernaient sa bannière, sur laquelle figuraient les mots « Jhesus & Maria » ?

PIERRE : Non. C'est à l'épée que ses paroles étaient destinées. Quant à la blessure qu'elle reçut devant Paris, à la porte Saint-Honoré, l'absence de son arme pourrait en être la cause.

JUGES : Que voulez-vous dire ?

PIERRE : Le matin de ce funeste 8 septembre, Jeanne ne trouva pas son épée. Le forgeron itinérant chargé d'affûter les lames l'avait emportée, avec une dizaine d'autres. Il était trop tard pour partir à sa recherche, le signal de l'assaut avait été donné par le capitaine La Hire. Jeanne prit une autre épée qu'elle fut presque incapable de soulever.

JUGES : En décembre, Jeanne subit un nouvel échec à La Charité-sur-Loire. N'avait-elle pas son épée, lors de ce siège ?

PIERRE : Si. En réalité, tout se passait comme si, une fois le roi reconnu, couronné, et la famille d'Arc anoblie, la mission de Jeanne eut été en partie accomplie. Cette épée, qui avait jusqu'ici servi son dessein, allait précipiter son terrible destin.

JUGES : Expliquez-vous, Pierre. Et parlez-nous de Guillaume Duchêne. Était-il toujours là, près de Jeanne, au combat ?

PIERRE : Oui. Comme j'y étais moi-même. Mais une fois l'an 1430 arrivé, le sort parut tourner. Après avoir passé l'hiver à Bourges et à Sully, nous revînmes en Île-de-France pour y affronter les Bourguignons. Alors que nous avancions vers Compiègne, nous avons résolu d'établir notre camp près de Lagny, au bord de la Marne, dans la nuit du 20 au 21 mai. Le matin, Jeanne nous apparut, très pâle dans le brouillard de l'aube. Elle nous déclara qu'elle allait se recueillir dans l'église proche, elle serait de retour dans un moment. Elle s'élança seule à cheval, sans armure mais chargée de son épée. Je voulus l'accompagner, Guillaume m'en dissuada. À son retour, je m'étonnai qu'elle n'eût plus son arme. Elle m'apprit qu'elle l'avait confiée au curé de la paroisse. Je n'en comprenais pas le motif. Elle se contenta de me déclarer :

– Dieu premier servi.

JUGES : C'étaient là des paroles qu'elle prononçait souvent.

PIERRE : J'insistai pour qu'elle s'explique et Guillaume m'en empêcha.

– C'est ainsi, me dit-il, ne la tourmente pas.

Je jugeai son attitude très étrange. Ce soir-là, il disparut.

JUGES : Que voulez-vous dire ?

PIERRE : Dans le camp, je ne le trouvai plus. Deux jours plus tard, quand la troupe donna l'assaut à Compiègne, il n'était toujours pas là. Au cours d'un bref combat aux portes de la ville, j'entendis soudain, dans les rangs adverses, une voix rauque hurler :

– La Pucelle, elle est là ! Sus à la Pucelle !

C'était un des archers attachés à la lance du bâtard de Wandhomme, le Bourguignon à la solde de Jean de Luxembourg. Il se précipita sur Jeanne. Elle n'opposa presque pas de résistance. Je volai à son secours et je fus capturé à mon tour, avec dix compagnons. En trop petit nombre, les nôtres ne durent leur salut qu'à la fuite. Je pense que nous avions été attirés dans un traquenard.

JUGES : Entendez-vous par là que Guillaume aurait pu vous trahir ?

PIERRE : Je l'ignore. Cela paraît si incroyable. Mais la suite me pousserait presque à le croire.

JUGES : Vous avez été libéré deux mois plus tard, contre une rançon ?

PIERRE : Oui, après un bref emprisonnement à Beauvoir, Jeanne fut conduite devant Jean de Luxembourg. Les Anglais proposaient déjà de la lui racheter afin qu'elle soit jugée par un tribunal ecclésiastique à leur solde. Si Jeanne était convaincue de sorcellerie, le sacre de Charles VII serait annulé et le royaume de France à nouveau sous la coupe des Anglais et des Bourguignons leurs alliés.

JUGES : Quand avez-vous revu Guillaume ?

PIERRE : Dès ma libération, à la mi-juillet. Dans le camp que je rejoignis, près de Noyon, les fidèles de la Pucelle s'étaient réunis. Guillaume était là.

JUGES : Lui avez-vous demandé les raisons de son absence lors de l'assaut de Compiègne ?

PIERRE : Non. Nous avions d'autres soucis en tête. Et pourquoi l'aurais-je soupçonné ? Il faisait partie du groupe qui allait aider à l'évasion de Jeanne. Elle venait d'être transférée à quelques lieues de là, en Vermandois, dans le château de Beaulieu-les-Fontaines. Elle était séquestrée dans la plus haute tour. Mais nous avions soudoyé les trois soldats chargés de patrouiller sur le chemin de ronde. Certes Jeanne ne pourrait quitter le château par la grande porte. Mais nous chargeâmes l'un des gardes de commander à la Pucelle de sauter dans le vide la nuit suivante, quand surviendrait trois fois le cri du chat-huant. Nous serions postés en contrebas sur le pré où une toile destinée à freiner sa chute serait tendue. Les soldats fermeraient les yeux pourvu que l'opération fût silencieuse et rapide.

JUGES : Nous sommes au courant de cette tentative d'évasion.

PIERRE : Rendez-vous avait été donné dans un bois voisin du château. Nous étions une douzaine. Guillaume n'était pas là. Après l'avoir attendu, nous avons décidé de partir. C'était une nuit sans lune, d'autant plus noire que de lourds nuages encombraient le ciel. Elle servait nos desseins mais nous n'y voyions goutte. Parvenus au pied de la tour, nous avions commencé à tendre la toile quand, venu de nulle part, un homme a surgi. Il tenait une épée à la main et nous a intimé l'ordre de quitter la place.

JUGES : Avez-vous reconnu Guillaume ?

PIERRE : Guillaume, non. Mais j'ai reconnu sa voix, et surtout l'épée.

JUGES : Que s'est-il passé ?

PIERRE : Nous étions douze contre un. Six d'entre nous seulement étaient armés, or cela l'inconnu l'ignorait. Nous lui avons chuchoté l'ordre de passer son chemin. Là-haut, les soldats veillaient. Ils étaient censés ne pas donner l'alarme mais devaient se demander pourquoi nous disputions si longtemps à voix basse. Le temps pressait. Soudain, l'homme a imité le cri de la hulotte. S'il le lançait deux nouvelles fois, Jeanne sauterait dans le vide alors que nous n'avions pas tendu le drap. Trois des nôtres se sont précipités sur Guillaume.

JUGES : Êtes-vous absolument sûr qu'il s'agissait bien de lui ?

PIERRE : Oui, il était l'un des rares à connaître ce projet d'évasion et le signal convenu. D'ailleurs, à voir comment il s'est jeté sur nous avec son épée, ce ne pouvait être que lui.

JUGES : Vous avez retrouvé sa façon de combattre ?

PIERRE : Non. Une fois encore, c'est la force et la précision de l'épée que j'ai reconnues. Elle frappait d'estoc et de taille mais un coup suffisait pour tuer le combattant qu'elle affrontait.

JUGES : Vous parlez de cette épée comme si elle agissait sans qu'aucune main la manie.

PIERRE : Malgré l'obscurité, elle faisait toujours mouche. En peu de temps, mes compagnons furent tous occis. Sur les remparts, on s'agitait. Le cliquetis de nos armes, les cris tantôt de rage et tantôt d'agonie avaient alerté la troupe. Les soldats soudoyés pour faciliter l'évasion de Jeanne ne pouvaient se taire plus longtemps sans passer pour traîtres ou complices. Au moment où Guillaume, l'arme levée, s'approchait de moi, qui étais l'unique survivant, les nuages se déchirèrent et la clarté des étoiles renvoya un reflet sur la lame. C'était elle, je la reconnus. L'épée de la Pucelle. L'arme que Guillaume avait forgée pour un si singulier destin. Je recommandai mon âme à Dieu, bien que je fusse prêt à me défendre, moins pour faciliter l'évasion compromise de Jeanne que pour la dissuader de se jeter dans le vide. À cet instant, mon adversaire ordonna :

– Va, Pierre. Pars loin d'ici. Je ne te tuerai point.

Je répliquai :

– J'ai toujours cru que tu étais ami et protecteur de Jeanne. Ne veux-tu donc pas qu'elle s'évade ?

– Je ne suis pas venu délivrer Jeanne, me répondit-il, mais accomplir la volonté de Dieu.

JUGES : Êtes-vous sûr de ces paroles ?

PIERRE : Elles sont gravées dans mon esprit.

JUGES : Voulait-il dire par là que Jeanne devait demeurer captive ?

PIERRE : Je l'ignore. Mais sa détermination était aussi forte que celle qui l'avait entraîné à la suite de la Pucelle peu de mois auparavant. Et j'étais frappé de la terrible aisance avec laquelle l'épée avait tué les miens.

JUGES : Cette épée, qui avait facilité les victoires de Jeanne, serait donc devenue tout à coup… l'instrument de sa trahison ?

PIERRE : Ou l'instrument de l'accomplissement de sa mission.

JUGES : Comment cela ? À vous entendre, Pierre, Dieu aurait donc désiré que Jeanne reste prisonnière, soit vendue aux Anglais, jugée et… brûlée comme hérétique ? Pensez-vous que tel était Son dessein ?

PIERRE : Son dessein n'a-t-il pas été de faire livrer et condamner son propre fils, puis de le faire mourir en croix ?

JUGES : Ah ! Prenez garde, mon fils, vous frôlez l'hérésie !

PIERRE : Pardonnez-moi.

JUGES : Que s'est-il passé ensuite ?

PIERRE : Tandis que les nuages s'écartaient pour laisser la place aux étoiles, j'entendis le cliquetis des armures résonner dans les escaliers de la tour et sur les remparts. Alertés, les soldats du château s'apprêtaient à sortir. À cet instant, dans le bois voisin, une hulotte jeta son cri et une autre lui répondit. Je n'eus pas le loisir d'en mesurer les conséquences. J'aperçus, au sommet de la tour, une forme humaine se jeter dans le vide. C'était Jeanne. Je voulus me précipiter pour la recueillir. Mais les hommes du château, qui venaient de jaillir à l'extérieur, s'en chargèrent à ma place. Elle tomba dans leurs bras, cria de douleur et se débattit. Je sus qu'elle était vivante et que la rejoindre ne servirait de rien, sinon à redevenir le prisonnier des Bourguignons. Je profitai de la confusion générale pour fuir. Guillaume en avait fait autant.

JUGES : Jean de Luxembourg a une autre version de cet épisode.

PIERRE : Oui. Il a prétendu que Jeanne, par désespoir, avait tenté de mettre fin à ses jours, ce qui permettrait, au cours de son futur procès, de faciliter sa condamnation en hérésie. Mais je doute qu'il ait deviné la cause du carnage que ses hommes ont découvert au pied de la tour.

JUGES : Avez-vous revu Guillaume ?

PIERRE : Non. Pas vraiment. Enfin… j'ai cru l'apercevoir. Un an plus tard. Quand Jeanne…

JUGES : Remettez-vous, nous comprenons votre peine.

PIERRE : Avant de regagner Domrémy, je suis repassé par l'église de Lagny. J'ai demandé à son curé si ma sœur lui avait confié une épée.

– Oui, m'a-t-il dit. Le matin du 21 mai de l'an dernier, la Pucelle en personne me l'a remise en mains propres. Elle est ici, venez.

Il me conduisit jusqu'à l'un des transepts où, telle une relique, l'épée reposait sur un coussin, à l'abri derrière une grille.

Quand je lui demandai qui la lui avait récemment empruntée, il nia.

– Comment quelqu'un aurait-il pu s'en emparer ? Je veille sur elle. Et jusqu'à ce que les murs de mon église s'écroulent, elle restera ici.

JUGES : Tout à l'heure, vous avez affirmé avoir encore aperçu Guillaume Duchêne. Ce sera l'une de nos dernières questions, Pierre. Répondez-y avec précision, si douloureux ce souvenir soit-il.

PIERRE : C'était le 30 mai de l'année suivante, à Rouen, sur la place du Vieux-Marché. Nous savions que Jeanne serait condamnée. Depuis plusieurs jours, mes frères et moi étions dans la ville, espérant qu'au dernier moment grâce lui serait accordée. Jean ne voulut pas assister à son supplice. Si je m'y rendis, c'est parce que jusqu'au bout... Je ne croyais pas que Jeanne pût être ainsi brûlée sans que... pardonnez-moi.

JUGES : Prenez votre temps, Pierre. Mais contez-nous ce dernier épisode. Et n'oubliez rien.

PIERRE : La place était noire de monde, les badauds fébriles et impatients. Le sermon du prédicateur Nicolas Midi parut interminable. Quand les premières flammes s'élevèrent, je crus que hurlements ou huées jailliraient dans la foule. Mais non. Hormis Jeanne qui, de temps à autre, face à la croix qu'on lui tendait à sa demande, criait :

– Jésus !

Le silence était total, terrifiant, recueilli. On n'entendait que le crépitement du feu, on distinguait à peine Jeanne au milieu des tourbillons de fumée. Je détournai les yeux, ils étaient brouillés par les larmes. À cet instant, je le vis, il se tenait à peu de distance, adossé au mur d'une échoppe.

JUGES : Vous voulez parler de Guillaume ?

PIERRE : Oui. J'aurais reconnu entre mille son front large et son menton carré. Il était vêtu de l'habit de moine ou de pèlerin qu'il portait dans la chapelle de Sainte-Catherine-de-Fierbois, une simple robe de bure. Nos regards se sont croisés. Puis il a disparu.

JUGES : Disparu. Qu'entendez-vous par là ?

PIERRE : Qu'à l'instant où je l'ai aperçu, le temps que je cligne des yeux et il n'était plus là.

JUGES : Vos sens ont pu vous tromper. Vous étiez très ému ?

PIERRE : C'était lui. Jusqu'au bout, il a voulu vérifier que Jeanne accomplissait son destin.

JUGES : Et vous voyant, il se serait enfui ?

PIERRE : Enfui ? Oui, d'une certaine façon. Je me suis précipité vers l'échoppe à laquelle je l'avais vu adossé. Il n'y avait personne. Ou plutôt, j'ai ramassé là-bas des habits.

JUGES : Des habits ?

PIERRE : Une robe de bure. Et un tablier de forgeron.

JUGES : Nombreux sont, à Rouen, ceux qui portent de tels effets.

PIERRE : Certes. Mais au milieu de ces vêtements abandonnés en vrac comme par quelqu'un qui va se jeter à l'eau, j'ai retrouvé ceci. Voyez.

JUGES : Nous voyons. C'est une croix. Une croix de petite taille, en bronze. Pouvez-vous la décrire plus précisément ? Afin que le greffier en fasse la description ?

PIERRE : C'est l'objet que portait au cou Guillaume quand nous l'avons trouvé, nu, au Bois Chenu. Une croix ? Si l'on veut. Mais en l'observant de près, vous constaterez que la traverse est longue et fort pointue. Et le manche magnifiquement ciselé.

JUGES : Le manche ?

PIERRE : Cette croix est, en miniature, l'exacte réplique d'une épée. L'épée de la Pucelle, celle que Guillaume avait forgée.

Le puits maudit

Aubert & Cavali

MANON FINISSAIT de passer le petit-lait dans son torchon, en pressant fortement la brousse[1]. Le liquide translucide qui s'écoulait remplit rapidement l'écuelle de bois. Elle sourit en écartant d'un geste le chaton qui tendait la patte…

Grisette, sa mère, grande chasseuse de rats, avait mis bas trois mois plus tôt et Manon n'avait pu se décider à noyer les petits à leur naissance. Finalement, tous avaient été placés, sauf celui-là. Sa fourrure noire avait dû inquiéter. On disait que le Malin prenait souvent la forme d'un chat noir, et que celui qui croisait son regard ou son chemin attirait la ruine sur lui et sa famille.

1. Lait caillé formant un genre de fromage frais.

Manon avait gardé l'animal, qu'elle appelait simplement Chacha. Là où tout le monde avait vu le signe du maléfice, Manon avait préféré déceler celui de la chance. En effet, sur le bout des pattes fines du chaton, des poils plus clairs formaient un dessin de botte. Et un dicton voulait que « Chat botté porte fortune »...

Manon vivait seule avec ses enfants. Une série de malheurs s'étaient abattus sur leur foyer. Pierre, son homme, avait été enrôlé de force pour la guerre deux ans plus tôt. Ils avaient déjà trois enfants quand il était parti, et le quatrième était né six mois plus tard. Le jeune frère de Pierre, Joseph, avait été emporté par le mal des Ardents[1] l'an dernier, et toute la connaissance que possédait Manon des herbes qui soignent n'avait pu le guérir. Et, pour clore cet enchaînement fatal, le père de Pierre, déjà veuf, était mort au printemps en tombant du toit où il était allé renforcer le chaume.

Manon était seule maintenant, avec quatre enfants à nourrir et à élever.

Quelques chèvres, un arpent de vigne, deux ou trois maigres poules et un cochon constituaient ses seuls biens. Et ce n'étaient pas les quelques œufs vendus au marché qui pouvaient lui assurer la subsistance.

1. Maladie causée par l'ergot de seigle, un parasite qui contamine les farines.

Comme Manon connaissait le secret des herbes, transmis par une aïeule, elle échangeait son savoir contre de la nourriture lorsque quelqu'un venait la consulter.

Quentin, apprenti forgeron, tournait autour de la maison depuis que Pierre était parti. C'était un des amoureux éconduits de Manon, du temps de ses quinze ans. Tant que Pierre avait été là, il ne l'avait pas importunée, mais depuis son départ il la harcelait, la guettant au bord des chemins, la suivant au marché, la hélant devant l'église. Lorsqu'elle l'avait repoussé, il avait fait courir des bruits malveillants sur son compte. Manon n'avait jamais aimé ce grand garçon blond aux yeux pâles, avec un regard de serpent. Elle lui trouvait l'air sournois.

Quand elle se rendait sur la place du beffroi, dans les contreforts du château, elle remarquait désormais des regards hostiles. Des enfants la montraient du doigt. Elle croyait les entendre murmurer : « C'est la sorcière… c'est la diablesse… »

C'était peut-être aussi pour cette raison que le chaton ne lui avait jamais fait peur. Les autres le désignaient comme marqué par le diable, mais ni plus ni moins qu'elle-même, après tout. Et elle savait très bien à quoi s'en tenir en ce qui la concernait.

Ce jour-là, elle remplit son panier de quelques œufs, de trois brousses fraîches, de prunes, d'herbes curatives et d'un bon poids de girolles qu'elle avait cueillies à l'aube, et, poussant les enfants devant elle, elle s'éloigna de la chaumière des Quatre-Chemins d'un pas vif pour se rendre au marché.

Elle était sûre de ne pas être importunée par Quentin car la veille, tandis qu'il s'était approché un peu trop près d'elle alors qu'elle marchait dans une ruelle, elle avait réussi à le faire tomber dans un tas de fumier, en le repoussant fortement.

Elle avait ri avec les badauds, de bon cœur, en se doutant bien qu'il n'avait pas dû apprécier la farce autant qu'elle.

Elle escomptait donc qu'il la laisserait tranquille aujourd'hui. Pourtant, quand elle y repensait, elle revoyait le regard sombre qu'il lui avait lancé, et un frisson de peur la submergeait.

Elle pressa le pas sous le soleil de plomb, et se signa en passant devant la croix blanche.

Le chaton les suivit un moment en folâtrant, sous le regard paresseux de Grisette, couchée en rond sur la margelle du puits, à l'ombre du grand prunier.

Manon revint du bourg dans une disposition joyeuse, les enfants courant à ses côtés. Son panier était rempli d'un gros paquet de farine, et elle rêvait déjà du pain qu'elle allait faire cuire dans un instant.

Elle frissonna en approchant de la chaumière. Il y avait quelque chose qui semblait figé dans le paysage, quelque chose qu'elle ne perçut pas immédiatement. Le temps lui parut comme suspendu. Et puis elle vit.

C'était Grisette.

Près du puits, écorché, son corps, ou plutôt ce qu'il en restait, attirait déjà les mouches. Un chien maigre mordillait la dépouille.

On avait cloué sa peau grise à rayures, les quatre pattes écartées, au tronc du prunier.

Manon poussa un cri horrifié et son regard balaya la cour pour y déceler des traces, pour tenter de comprendre. Mais tout semblait paisible.

Elle fit rentrer précipitamment les enfants dans la masure, et elle ressortit pour déclouer la peau. Son esprit toujours en alerte malgré sa peine, elle réfléchit qu'il serait sans doute bon de sécher cette peau et de la vendre, mais elle ne put s'y résoudre et elle enterra les restes, charogne comprise, dans un coin du pré.

Le cœur gros, elle pensa que Grisette allait lui manquer, et pas seulement pour chasser les rats.

Elle chercha des yeux le chaton, sans succès, et espéra qu'il avait échappé à ce geste haineux. Elle fut rassurée, le soir, quand elle le vit venir humer le pain chaud.

Ce fut ce soir-là que le feu prit à la maison des Quatre-Chemins. Personne ne put être sauvé. Manon et ses enfants périrent dans les flammes, comme si une force mystérieuse les avait retenus emprisonnés dans la chaumière.

L'endroit devint un lieu maudit et les villageois tentaient de l'éviter. Si l'un d'eux se voyait forcé de passer par les Quatre-Chemins, il détournait le regard devant les ruines noircies par l'incendie. On murmurait que Manon n'avait eu que ce qu'elle méritait, et que c'était tout ce à quoi on pouvait s'attendre quand on faisait commerce avec le diable.

Le drame avait eu un témoin.

Le chaton, qui n'avait pas su porter fortune à sa maîtresse. Il avait même été meurtri. Les flammes avaient roussi le bout de sa queue, qui n'était plus blanche. Ses moustaches avaient grillé. Mais il était le seul à avoir pu se sauver en sautant, à travers les flammes, par un trou dans la toiture qui avait brûlé en premier.

Il avait vu comment, dans l'après-midi, Quentin avait tué sa mère Grisette à coups de bâton. Comment il avait cloué sa peau au tronc d'arbre. Comment il était revenu à la nuit et avait condamné silencieusement portes et fenêtres, pendant que tout le monde dormait, avant de lancer une torche enflammée sur le toit de chaume. Comment il avait hurlé le nom de Manon tel un dément, à la lune, en riant sauvagement et en jurant que plus jamais elle ne se moquerait de lui, tandis qu'elle criait au secours.

Dans son affolement, le chaton, enivré par la douleur et l'odeur de brûlé, avait sauté sur Quentin, crachant et soufflant de peur. Il n'avait pas fait grand poids face au forgeron qui l'avait jeté loin de lui en pestant.

Mais il l'avait blessé en s'accrochant à son visage toutes griffes dehors, et le cri de douleur de Quentin l'avait rempli de satisfaction, juste avant qu'il ne se retrouve à moitié assommé au bord de la margelle, l'une de ses délicates pattes bottées salement lacérée, un âcre goût de sang dans la gueule. Il s'en était fallu de peu qu'il ne tombât dans le puits.

Le chaton se traîna jusqu'au sous-bois qui jouxtait la croix blanche. Il perdit conscience. Un craquement de brindilles qu'on écrasait le réveilla en sursaut. Il eut le réflexe de se traîner plus loin, et trouva la force de boire un peu d'eau et de lécher ses blessures. Le goût de son sang se mêla à celui de Quentin qu'il perçut sous ses pattes et il sut qu'il avait blessé profondément son ennemi.

C'est alors qu'il entendit des voix qu'il ne connaissait pas. Il tenta de s'éloigner mais n'en eut pas la force. D'un geste délicat, quelqu'un le souleva de terre.

Il s'est réveillé en sursaut. Il a fait un rêve affreux. Perdu au milieu des flammes, il courait, terrifié, sans trouver d'issue, et une odeur de roussi le talonnait. Il est pourtant obligé de constater que tout est paisible alentour. Au loin, une large étendue d'eau couleur turquoise borde un paysage vallonné planté d'oliviers argentés frissonnant sous la caresse de la brise. Mais l'impression d'angoisse ne l'a pas quitté pour autant.

C'est alors que Mathias et Sabira ont posé besace. Il aime quand ils s'arrêtent. Après des heures de marche, les aspérités d'un terrain montagneux, les passages à gué d'eaux tumultueuses, la rencontre quelquefois hasardeuse de gueux plus pauvres qu'eux encore, il aime entendre le bruit des ballots qui tombent à terre, du vent qui s'engouffre dans les toiles jetées sur les piquets pour les protéger de la nuit.

C'est à ce moment que son entraînement commence. Quand ils atteignent un bourg, Mathias et Sabira montent l'estrade et dansent en faisant sonner tambourin, flûtiau et rebec[1], pendant qu'il caracole en cadence avec panache devant la foule.

Il est toujours en pleine forme, car, pendant que ses compagnons s'épuisent sur les routes, tout ce qu'il a à faire, perché sur l'épaule de Sabira, c'est tenir son équilibre. Et ce n'est point chose qui le tracasse. Chez lui, c'est une seconde nature. Il parvient même à dormir ou à faire sa toilette sans quitter cette épaule obligeante et cahoteuse.

À la fin des jongleries, après que Sabira a glané quelques sous, et qu'ils ont essuyé quelques quolibets et de nombreux applaudissements, il peut en général se promener en toute liberté jusqu'au lendemain.

Telle est sa vie de chat depuis que Mathias et Sabira l'ont pris avec lui, il y a de cela si longtemps qu'il en a la totale oubliance. C'est qu'il a si peu de mémoire !

Ce qu'il se rappelle bien, c'est le goût du lait ou de la chair à pâté, de la main de Sabira sur son pelage soyeux, et des odeurs d'épices venues de loin qui embaument les foires où ils s'arrêtent quelquefois, mais c'est à peu près tout. Ah oui, et

1. Instrument à cordes avec archet, ancêtre du violon. Se joue indifféremment posé sur l'épaule ou sur le genou.

aussi ce son : « Mmmiiiissssssiiiiii », lorsque Sabira l'appelle. Il y répond selon son envie.

Ce jour-là, ils sont heureux de s'arrêter, car l'étape a été longue. Mathias a allumé le feu, puis Sabira a fait revenir les restes d'une potée qu'ils ont partagée ensuite.

Mais malgré ce repas copieux, après ce réveil brusque, le chat est nerveux, inquiet, sans pouvoir s'en expliquer les raisons. Peut-être est-ce ce cauchemar qui laisse des traces en lui. Il se blottit contre Princesse durant la nuit, ce qui lui arrive rarement. Princesse, leur ânesse vieille et sage, qui transporte tous leurs biens dans deux grosses panières de bât, a toujours eu un faible pour lui, et elle adore éprouver sa présence légère contre son flanc dans son sommeil.

En dépit du corps chaud et rassurant de Princesse, il ne se sent pas en sécurité. Quelque chose d'imperceptible dans l'air l'irrite, le rend d'humeur chagrine. Il ne sait comment y remédier, et d'ailleurs il n'essaie pas.

Le lendemain, ils se sont installés sous un figuier, au beau milieu d'un vignoble qui jouxte le mur d'enceinte du bourg, non loin d'une masure en ruine, située au carrefour de plusieurs chemins, près d'une croix blanche. Dans ce qui reste de la cour de la maison, on voit, à l'ombre d'un gros prunier étouffant sous le lierre, un puits dont la margelle s'est en partie affaissée.

Le chat ne tient pas en place. Il tourne en rond, va et vient, humant l'air avec inquiétude, en proie à des démons intérieurs.

C'est durant la représentation devant le parvis de l'église, à la sortie des vêpres, qu'il comprend.

Quand il entrevoit l'homme.

Il se tient au milieu des curieux qui regardent, bouche bée, leur spectacle prodigieux.

Il est laid, bien plus laid que le commun des laids, avec sa marque boursouflée qui lui barre l'œil gauche.

Mais ce n'est pas sa laideur qui a attiré l'attention du chat juste au moment où il s'élance dans le cercle de feu tendu par Sabira. C'est l'odeur du feu, le crépitement, la vue de la cicatrice, l'atmosphère pesante du lieu. En un éclair tout en lui a resurgi.

Cet homme, il le connaît. Il en est sûr.

Son rêve lui revient à l'esprit. Des flammes encore, des cris, ses propres crachements de terreur.

Feu, sueur, peur et haine.

Ce n'était pas un rêve.

C'était un souvenir.

Il se met à souffler, à cracher, il se jette vers l'homme au milieu de la foule, toutes griffes dehors. L'assemblée pousse un cri d'effroi, et Mathias parvient à camoufler sa crise en la tournant en dérision, la faisant passer pour de la comédie.

Mais tout en se maîtrisant, en réintégrant sa place, le chat noir botté de blanc n'a pas lâché des yeux l'homme ombrageux à l'œil crevé qui quitte le parvis, le dos voûté, d'un pas lourd et furieux.

Sept ans. Sept ans ne peuvent pas s'effacer ainsi, en quelques secondes !

Quentin s'est tout de suite cru la proie de la folie. Il a déambulé sans but dans les ruelles chaudes et il a fini par rentrer à la forge en traînant des pieds.

Il est maintenant maître forgeron au village. La fille qu'il a épousée lui a apporté une dot suffisante pour tenir boutique, et il a sous ses ordres un apprenti qui, pour l'heure, dort dans un coin de la forge, harassé de fatigue.

Sa femme Marthe et ses enfants sont couchés aussi et il n'a pas le cœur de les rejoindre, car tout ce qu'il tente d'oublier depuis presque sept ans est remonté violemment à la surface de sa conscience.

Pourtant pas un jour ne s'est passé, depuis la nuit de sa forfaiture, sans qu'au fond de sa mémoire n'aient faiblement retenti les cris des mourants. Il a tenté de les faire taire et il y a plutôt bien réussi jusqu'à aujourd'hui.

Mais que s'est-il donc passé de singulier sur le parvis ? L'odeur du feu peut-être, le bondissement de ce chat noir ? Pourquoi l'animal s'est-il jeté ainsi sur lui, justement sur lui ? Comme s'il le reconnaissait ?

À peine cette pensée est-elle formulée qu'il la repousse, refusant de sombrer dans la folie. Car ce ne peut être que folie.

Il est hors de tout entendement qu'un chat réussisse, sept ans après, à reconnaître quelqu'un ! Reconnaître ? Comment cela reconnaître ?

D'accord, il y a bien eu un chat spectateur du crime. Un chaton pour être précis. Le chaton responsable, d'ailleurs, de son œil à demi crevé. Et qui plus est, un chaton noir. Mais depuis quand un chaton comprend-il les événements ? Depuis quand, peut-il, des années plus tard, se souvenir de quelqu'un ?

Et puis, ce chaton-là est mort, lui aussi. Il se rappelle l'avoir vu à moitié écrasé près de la margelle du puits.

Cette dernière pensée l'exaspère au plus haut point. Voilà qu'il cherche des explications, des justifications… C'est sûrement la folie qui le guette, qui le fait raisonner ainsi.

Il n'y a aucun argument à tenir. Ce qui ne peut pas être n'est pas. C'est tout.

Quentin s'allonge sur la couche et il se tourne longtemps avant de s'assoupir.

Si le forgeron a trouvé un semblant de sommeil, le chat, lui, ne dort pas.

Quand il s'est couché contre le flanc de Princesse, il était dans un tel état d'agitation qu'il ne parvenait pas à tenir en place sans bouger. Lèche et relèche, sa toilette n'en finissait pas, sa queue brûlée au bout fouettait le pelage de l'ânesse, chassant les mouches, et ses moustaches fébriles frémissaient de colère, de rage et de peur.

C'est la première fois qu'il vit de telles émotions, car aussi loin que remontent ses souvenirs, sa vie a été paisible, sa pitance assurée, son quotidien régulier bien que nomade, ses amis inchangés, et les caresses coutumières.

Et voilà qu'il se découvre un passé tragique, une perte cruelle, une douleur enfouie au plus profond.

Il se rappelle confusément les coups de langue de Grisette, son regard bienveillant devant ses essais pour attraper des souris, la voix mélodieuse de Manon lui susurrant des douceurs en le grattant sous le menton.

Et puis le malheur. Les battements de son cœur. Le bouillonnement de son sang dans la tête. La vue de sa mère écorchée, les cris de Manon dans les flammes, la panique, le chaos, la rancune meurtrière de l'homme. Et cette odeur, reconnaissable entre toutes : feu, sueur, peur et haine.

Le chat a compris que plus jamais la paix ne reviendra en lui maintenant que la barrière de sa mémoire s'est ouverte et qu'il sait que le tueur est en liberté.

Plus jamais.

À moins que…

Le lendemain matin, il se faufile dans les rues en pente à la recherche de l'homme.

Jusqu'à la fin de l'après-midi, son temps lui appartient. Il sait que la petite troupe ne repartira pas de ce village aujourd'hui, puisque aucun préparatif n'est commencé.

Très vite, un crépitement et une odeur de fumée l'attirent. Mais pas seulement.

Le relent qui émane de l'homme l'attire aussi.

Feu, sueur, peur et haine.

Il s'approche de la forge, et il entre sans que personne l'aperçoive. L'homme sue au-dessus du feu, tapant sur une tige de métal courbée. L'apprenti l'aide à tenir l'outil qu'il travaille.

Le chat grimpe sur une poutre centrale et s'approche lentement. Le désir de vengeance brouille ses pensées. Il se poste bien à l'aplomb du dos courbé de l'homme et, sans plus réfléchir, il plonge dans le vide.

L'homme hurle. L'apprenti, en tombant en arrière, braille :

– Le diable !

Le chat se sent grand et fort, perché sur les épaules de l'homme, les griffes des pattes avant enfoncées dans son cuir chevelu, celles de derrière accrochées à son cou. Il crache sa rage, les oreilles couchées sur son crâne.

Quand le tueur, dans un geste violent, tente d'arracher ce qui lui laboure la tête, le chat lui lacère les mains. Le forgeron court au baquet dans le coin de l'échoppe, et il plonge le haut de son corps dans l'eau en se penchant en avant. Le chat lâche prise et fait un bond en arrière.

L'homme se relève, trempé, dégoulinant d'une eau ensanglantée. Le chat se tient face à lui, le poil hérissé, le regard illuminé et fixe, l'haleine courte. L'homme l'observe un long moment, et il comprend que l'animal ne lui laissera plus jamais de répit. Il saisit un fer rougi qu'il lance de toutes ses forces vers le chat.

Le chat a lu sa propre mort dans les yeux étincelants de l'homme. Il a détalé.

Le soir, alors que la petite troupe finit son maigre repas au coin du feu, Quentin surgit brusquement, une bourse de cuir accrochée à sa ceinture.

D'un coup d'œil oblique, il a repéré le chat près de l'ânesse, puis il a salué Mathias.

Pendant que la discussion s'engageait, le chat s'est écarté de Princesse pour gagner son lieu privilégié d'observation, le figuier.

Sabira s'est rapprochée des deux hommes.

Quentin a annoncé qu'il voulait acheter le chat savant, celui qui fait des tours. Les poils du chat se hérissent et ses oreilles se couchent.

Mais Mathias a secoué la tête : le chat n'est pas à vendre, c'est son gagne-pain. Quentin a insisté, agitant les piécettes d'or dans son gousset, une fortune pour les saltimbanques, et Mathias a hésité un instant.

Sabira est intervenue :

– Ce chat n'est pas à vendre.

Mathias l'a soutenue du regard. L'homme ne leur plaît pas, il exhale une sensation trouble de violence et de folie.

– Bon sang, sales étrangers, je vous dis qu'il me le faut! a crié Quentin en faisant un pas en avant et un geste menaçant.

Mathias a porté la main à son coutelas. Quentin a baissé le bras et il a subrepticement fait quelques pas vers l'ânesse. Ses mains gantées de cuir ont furtivement exploré le harnachement de l'animal sous les yeux incrédules de Mathias et de Sabira. Rien, pas de fichu chat!

Princesse a poussé un braiment d'inquiétude.

– Calme, Princesse, calme ! a articulé Sabira sur un ton apaisant, pendant que Mathias s'approchait de l'homme, la main sur son couteau.

Dépité, furieux, Quentin est reparti en faisant sonner sa bourse de cuir remplie d'or.

Le chat n'a pas bougé d'un pouce. Il a suivi longtemps des yeux la silhouette de Quentin se détachant sur le crépuscule, bifurquant vers la porte du bourg.

Sabira, pensive, l'a aussi regardé s'éloigner.

– Cet homme a l'air dangereux. Je crois que nous ne devrions pas rester ici, a-t-elle murmuré à Mathias qui a fait un signe d'assentiment.

Quant au chat, il sait qu'entre l'homme et lui l'affaire doit trouver son issue. Il a sauté souplement de son perchoir pour le suivre en silence.

Une nuit profonde a recouvert le paysage, et la lune tarde à apparaître. Mais le chat, de ses yeux perçants, distingue toujours la lourde découpe de l'homme.

Soudain, Quentin a tourné la tête, inéluctablement happé par les ruines de la chaumière des Quatre-Chemins. Plus personne n'appelle l'endroit de la sorte. Le puits maudit, voilà le nom que tous lui donnent aujourd'hui, à cause de la margelle qui s'est effondrée et qui le rend dangereux. On dit que le diable y a élu domicile, et qu'il est la cause de l'incendie qui a détruit la maison et tué Manon et les enfants.

Une irrésistible attraction s'est emparée de son être et, après un instant d'arrêt, il s'est dirigé vers le lieu de son crime qu'il foule pour la première fois depuis sept ans.

La délicate truffe noire du chat a frémi de satisfaction. Il a bondi et, trace invisible dans la nuit, il a devancé l'homme au puits maudit. Il s'est tapi, corps inerte, au bord de la margelle éboulée.

C'est lui que Quentin a vu en premier. Au beau milieu des ruines, des ronces, au bord du puits, gît la dépouille inanimée d'un chat noir.

Fasciné, l'homme s'approche de la forme immobile. Les battements de son cœur l'assourdissent.

Il est là. Le chat ensorcelé est là, tout comme il était là des années plus tôt, témoin muet de son atroce infamie !

Le chat a la respiration altérée.

L'homme se penche pour ramasser une lourde pierre à ses pieds. Il fait encore un pas et s'apprête à écraser l'animal de toutes ses forces, pour l'anéantir, le réduire en bouillie, le faire disparaître à jamais. Il lui semble que les pulsations de son cœur s'entendent à des lieues à la ronde. Sa vue se brouille un instant.

Le chat feule doucement.

La nuit fatale et celle-ci se mélangent dans l'esprit de l'homme. Le sang d'une peau qu'on écorche lui éclabousse le visage, tandis que le cri d'une femme terrorisée lui vrille la cervelle.

Le chat, lentement, sans bruit, se hisse en haut du prunier. Voilà Quentin en équilibre sur le bord affaissé de la margelle.

Le chat comprend qu'il n'y aura pas de plus belle occasion. Il prend son élan, bondit sur le dos honni.

Quentin, déséquilibré, bascule.

Le chat s'est brusquement vu tiré vers le vide et ses griffes ont désespérément essayé de se raccrocher aux pierres.

Il a entendu un plouf sourd et compact, très loin, très profond. Puis plus rien.

Quand il a réussi à se rétablir, il s'est retourné, et, frémissant, hérissé, haletant, il a attendu que la lune daigne venir éclairer le trou profond afin de contempler son œuvre.

Pas plus grosse qu'une souris, à plus de cent pieds de profondeur, se reflète l'image éclatante de l'astre de la nuit à la surface frémissante de l'eau. Elle veille sur le corps englouti que personne ne peut plus voir. Quentin repose dans la vase, désormais insensible à tout.

Le chat s'assied en rond sur la pierre et entreprend de se lécher longuement pour se débarrasser du moindre souvenir de cette nuit, comme il l'a déjà fait, une fois, sept ans plus tôt.

Puis il avise, sur le sol, à quelques pas de lui, une bourse de cuir. La saisissant délicatement dans sa gueule comme le ferait une mère chatte avec son petit, il entreprend de rentrer au campement.

Épuisé, il s'endort contre Princesse, qui lui a donné en le voyant un affectueux coup de naseaux.

À l'aube, Sabira l'a attrapé tendrement par la peau du cou :

– Ah te voilà, maroufle ! Où as-tu été traîner encore ? Allez en route !

En soulevant le chat pour le poser dans son cou, elle aperçoit sous lui, dans l'herbe, un gousset de cuir. En l'ouvrant, elle y découvre, à sa grande surprise, une poignée de ducats.

– Mathias, regarde ce que j'ai trouvé !

Mathias s'approche, reconnaît la bourse de Quentin, sourit malicieusement.

– Un miracle ! dit-il.

Sabira s'empresse de ranger la sacoche dans sa ceinture.

La petite troupe se met en route.

Le chemin passe par le puits maudit. Mathias et Sabira se signent devant les ruines, pour conjurer le malheur, et de nouveau devant la croix blanche.

Le chat, bien installé sur les épaules de Sabira, plisse les yeux en regardant les pierres envahies de lierre, la cour, le prunier, la margelle effondrée. Il lui semble entendre des rires d'enfants et le doux chant d'une jeune femme. Une chaude brise lui caresse le dos. Il frissonne d'aise.

Il remarque que Sabira touche de temps en temps sa ceinture, comme pour s'assurer qu'elle n'a pas rêvé la bourse pleine d'or.

Le chat ronronne voluptueusement dans son cou. Il n'est pas peu fier de n'avoir pas fait mentir le dicton : « Chat botté porte fortune. »

La clé de feu

Jean Molla

Pour Hélène et Pierre-Marie Beaude.

À L'HEURE OÙ mes forces s'étiolent, où ma vue me trahit, où mes doigts douloureux peinent à tenir la règle et la plume, il m'est doux de recueillir quelques jours de ma jeunesse afin d'en laisser une trace, parce qu'en dépit de leur noirceur ils ont compté pour moi autant que ces innombrables heures que le Seigneur, dans Son infinie bonté, m'a accordé de vivre pour honorer Sa gloire.

Voilà plus de cinquante ans que je me tiens éloigné du tumulte du monde et que j'ai fait vœu de silence. Jamais je n'ai troublé le calme de ce *scriptorium nec pergameno nec ipsa penna*[1]. J'ai accompli avec patience et application ma tâche de copiste. J'ai fatigué mes yeux à la lueur des chandelles, enduré les rigueurs des hivers, supporté la chaleur écrasante des étés pour que Sa parole ne se perde pas.

1. Ne fût-ce que par le grattement de la plume sur le parchemin.

Alors pourquoi au soir de ma vie accorder tant d'importance à ce qui n'est plus ? Pourquoi me dessécher un peu plus encore dans la vaine poursuite du passé ? Pourquoi l'épuiser de mots ? *Vidi quae fiunt cuncta sub sole et ecce universa vanitas et adflictio spiritus*[1].

Pourquoi surtout jouer à me mentir ? Il me coûte de l'écrire, mais c'est dans la vanité des choses humaines que j'ai pressenti le plus grand bonheur qui eût pu m'advenir sur terre. Et pour ce bonheur, moi, homme d'Église, j'ai menti. Moi, jeune clerc, j'aurais pu accepter de commettre l'irréparable.

Mais j'anticipe. Tout récit obéit à des règles qu'il n'est pas bon de transgresser. De la forme de mes pas, il n'est plus que poussière, mais je dois m'efforcer d'en retrouver la trace, même si, de ma jeunesse enfuie et de ceux qui l'accompagnèrent, ne subsistent que des mots. Car où sont-ils à présent, les fantômes de mon passé, sinon dans le silence de ces lieux et dans ces lignes que ma plume étire sur le vélin ?

Je me nomme Jean de Cidenne, fils de François de Cidenne et d'Anne de Foulque, seigneurs de

1. « J'ai vu tout ce qui se fait sous le soleil ; et voici, tout est vanité et poursuite du vent. » *L'Ecclésiaste*, chap. I, 14.

Mortagne. Très jeune, on me destina à la carrière de clerc[1]. J'étudiai les sept arts libéraux ainsi que le latin et le grec dans l'école abbatiale de notre ville. Plus tard, mes maîtres m'envoyèrent à la Sorbonne où je me consacrai à la philosophie.

J'excellais dans tous les domaines, avec une prédilection pour les problèmes de logique. Redoutable rhéteur, je montrais de remarquables dispositions pour poser et résoudre les points de théologie les plus délicats et je me taillai bientôt une solide réputation d'homme de savoir et d'esprit. Enfin, l'âme humaine, en ce qu'elle présente de plus ambigu, de plus retors, de plus obscur, était un de mes sujets favoris d'étonnement et d'interrogation.

Mes parents fondaient en moi de grands espoirs. Ils espéraient me voir entrer au service d'un puissant seigneur et mener riche et brillante vie. Mais le monde et ses fastes ne m'inspiraient que dédain et ma soif d'élévation m'éloignait de mes pairs. Dans le secret de mon cœur, j'aspirais à une existence vouée à l'esprit, aux textes sacrés, et soumise à la règle. J'aimais le silence des bibliothèques, l'odeur du parchemin et des encres. J'excellais à choisir les plumes, à les tailler, à tracer la caroline, la gothique ou l'onciale[2].

1. À l'origine homme d'Église (*clericus*). Par la suite, le clerc est celui qui possède la culture cléricale, ou clergie, celui donc qui sait lire et écrire.
2. Différents types d'écritures employées par les moines copistes.

J'ambitionnais d'être un passeur de mots, un copiste, de transmettre, assidu, la parole inspirée.

Le matin de mes vingt-deux ans, j'annonçai à mon père mon désir de rejoindre le monastère de Soligny afin d'y prononcer mes vœux. Comprenant que ma résolution était sans faille, il dissimula sa déception et respecta mon choix. Une semaine plus tard, j'embrassai mes parents et me mis en chemin. J'avais résolu de gagner ma nouvelle demeure à pied. Comme ma route traversait la ville de Mirecourt où le frère de ma mère, homme d'Église lui-même, résidait, je décidai de m'arrêter chez lui.

Étienne de Béroul m'accueillit dans sa demeure, sise à deux rues de la cathédrale, et m'offrit de rester en sa compagnie le temps qu'il me plairait. J'acceptai d'autant plus volontiers que l'automne, cette année-là, avait pris des allures d'hiver et que, depuis mon arrivée à Mirecourt, la neige recouvrait routes et champs.

Deux jours s'écoulèrent. Rétrospectivement, ils m'apparaissent comme ces heures de calme qui précèdent la tempête, quand l'air est lourd, immobile, mais que l'on y pressent déjà le lointain écho des bourrasques à venir. Mon temps était consacré à la prière et à l'étude, car mon oncle Étienne possédait des ouvrages de grande valeur. Les joyaux en étaient des *Vitae sanctorum*[1]

1. *Vies des saints.*

dont j'adorais parcourir les pages brillamment enluminées et un *De civitate Dei*[1], que nous commentions ensemble. Mon oncle appréciait mes interprétations et, autant l'avouer, j'avais plaisir à l'entendre louer cette subtilité d'esprit dont je tirais alors orgueil.

J'ajoute qu'Étienne de Béroul était une manière de célébrité dans son diocèse où il était intervenu dans plusieurs affaires de sorcellerie et de possession diabolique. Ainsi, il me régala de récits d'exorcismes plus terrifiants les uns que les autres et je lui en réclamai sans cesse de nouveaux.

Le troisième jour, alors que selon notre habitude nous nous étions levés avant laudes[2] pour nous consacrer à la prière, on frappa à l'huis. J'entendis la voix affolée du visiteur puis celle d'Étienne s'efforçant de le calmer. Alarmé, je sortis de ma chambre. Mon oncle qui refermait la porte me vit.

– Jean, m'annonça-t-il, on me réclame d'urgence ! L'affaire m'apparaît bien ténébreuse et j'apprécierais que tu te joignes à moi. Tes avis me seront précieux, car tu sais discerner ce qui demeure parfois opaque pour tes semblables.

Piqué par la curiosité tout autant que flatté, j'acceptai. Le temps étant glacial, nous enfilâmes nos manteaux ainsi que de solides bottes

1. *La Cité de Dieu*, ouvrage de saint Augustin, considéré comme le plus célèbre des Pères de l'Église.
2. Environ 6 h 45 du matin.

fourrées. Une fois que nous fûmes équipés, mon oncle m'entraîna à travers les ruelles enneigées de Mirecourt.

– Nous nous rendons chez Marc Guyaucourt, m'expliqua-t-il, un riche apothicaire dont l'épouse fréquente notre paroisse. C'est un homme fort savant avec qui j'ai eu plaisir à causer maintes fois. Il connaît parfaitement son métier mais sa véritable passion est le Grand Œuvre[1].

– Un alchimiste ! m'écriai-je. J'ai eu l'occasion d'en rencontrer à Paris et de visiter les réduits dans lesquels ils travaillent. Vous a-t-il entretenu de son art ?

Mon oncle hocha la tête.

– Avec passion et érudition. Il m'a ainsi appris que le pape Jean XXII lui-même a rédigé un manuscrit nommé *Ars transmutatoria*[2] et consacré à cette science. Il est de notoriété publique que maître Guyaucourt s'adonne à ses recherches dans une cave située à l'aplomb de sa demeure et les braves gens de la ville ne manquent pas de s'en émouvoir. Alchimie, sorcellerie... pour le bon peuple, le fossé est étroit. Bref, comme souvent, il a passé la nuit dans ce qu'il appelle son laboratoire. Ce matin, son épouse, inquiète de ne pas le trouver près d'elle à son réveil, a prié l'un de ses domestiques de vérifier s'il y était encore. Celui-

1. La recherche de la pierre philosophale.
2. *L'Art transmutatoire.*

ci s'est heurté à une porte close. À sa grande stupeur, une croix tête en bas avait été dessinée sur le battant.

– Une croix renversée ? Mais c'est un sacrilège !

– Un terrible sacrilège, d'autant que le domestique est persuadé qu'on l'a tracée avec du sang. Terrifié, il a frappé mais personne n'a répondu, malgré son insistance. Il a couru avertir sa maîtresse qui m'a envoyé quérir, ainsi que le prévôt[1].

Comme nous arrivions en vue d'une maison bâtie en pierre de taille, des éclats de voix nous parvinrent. Nous pénétrâmes dans une cour pavée que trois serviteurs étaient occupés à déneiger et je découvris une demeure digne d'un grand seigneur. Un double escalier s'élançait vers le gracieux perron qui desservait le logis. Dans un des angles de la cour, une femme et un homme se tenaient devant une porte ferrée.

Mon oncle se dirigea vers eux et je le suivis, attentif à ne pas choir sur le pavé glissant.

– Mon père, merci d'être venu si rapidement, lui dit la femme.

À ses manières, je compris qu'il s'agissait de la maîtresse des lieux. Elle portait un épais manteau de laine et son chaperon rabattu m'empêchait de distinguer ses traits. Étienne de Béroul posa sa main sur mon épaule.

1. L'équivalent d'un officier de police.

– Dame Isabelle, permettez-moi de vous présenter mon neveu, Jean de Cidenne, de passage à Mirecourt.

L'épouse de l'apothicaire rejeta sa capuche et inclina la tête en signe de bienvenue.

À l'heure où j'écris ces lignes, j'ai peine à retenir l'émotion qui me gagne et pourtant, même si cinquante ans ont passé, elle est toujours intacte, comme si le temps n'avait pas de prise sur elle. Le souffle me manqua, mon cœur s'emballa comme un cheval affolé. Jamais jusqu'alors je n'avais accordé de regards aux femmes de mon entourage ; elles m'indifféraient. *Veni Karthaginem, et circumstrepebat me undique sartago flagitiosorum amorum*[1], a écrit mon maître Augustin. Comme lui, je n'avais que dégoût pour *la chaudière des amours honteuses*, comme lui, je n'avais d'appétit que pour les aliments incorruptibles dont l'esprit se repaît. Mes forces, je les avais consacrées à l'étude, au savoir, à Dieu. Et voilà qu'un visage m'émouvait au-delà de ce que j'aurais pu imaginer.

Comment rendre compte de celui de cette femme ? Je ne le sais, si ce n'est qu'à la seconde

1. « Je vins à Carthage, et partout autour de moi bouillait à gros bouillons la chaudière des amours honteuses. » Saint Augustin, *Confessions*, livre III, chap. 1.

où je la vis, je louai le Seigneur d'avoir permis que s'incarnât dans la chair Sa perfection. Moi qui croyais qu'il n'y avait d'amour que divin, j'éprouvai pour une créature sensible un amour immédiat, irrépressible, absolu.

Perçut-elle mon trouble ? Elle n'en laissa rien paraître et entraîna mon oncle vers la porte. Il se pencha et l'observa.

– Jean, qu'en penses-tu ?

Je repris tant bien que mal mes esprits et m'approchai de l'huis. On y avait tracé une croix grossière, avec ce qui semblait effectivement être du sang. Je tendais mon doigt pour prélever un peu de cette matière quand des bruits de bottes sur le pavé nous firent retourner.

– Voilà le prévôt, Tristan de Clères, me souffla mon oncle.

Je découvris un homme d'une trentaine d'années, très beau, au regard franc et énergique. Trois rudes gaillards l'accompagnaient. Il nous salua et écouta, impassible, les explications de dame Isabelle.

Puis, comme je l'avais fait, il examina avec soin la croix renversée. L'air ébranlé, il se tourna vers mon oncle et dit avec répugnance :

– Mais c'est du sang ! Vous qui êtes versé dans les domaines obscurs, n'y voyez-vous pas quelque diablerie ?

Étienne de Béroul secoua la tête pour marquer son ignorance.

– En tout cas, je n'y vois pas bon signe.

Montrant la serrure, le prévôt demanda à dame Isabelle :

– Pouvez-vous ouvrir cette porte ?

– Non, seul mon mari en possède la clé. Il est très jaloux de ce que renferme cette cave.

– Alors, je ne vois d'autre moyen pour entrer que de l'enfoncer, conclut Tristan de Clères, car je redoute le pire.

Sur les ordres de leur maîtresse, deux domestiques rapportèrent un solide banc de bois dont les hommes du prévôt se servirent comme d'un bélier. En trois coups bien appliqués, ils firent sauter la porte de ses gonds. Une épouvantable puanteur assaillit nos narines. Tristan de Clères qui était sur le point de dévaler les escaliers s'immobilisa, pâle comme un linge, et s'appuya au chambranle.

– Peut-être est-il préférable que des hommes d'Église prennent les devants, déclara mon oncle.

Il réclama une torche à l'un des domestiques et s'enfonça dans les profondeurs de la cave. Je le suivis après avoir coulé un regard en direction de dame Isabelle.

L'odeur était insupportable mais je parvins à contenir la nausée qui m'avait gagné. Nous arrivâmes dans une salle voûtée.

À la lumière vacillante du flambeau, j'aperçus un corps gisant au sol. Étienne poussa un cri et franchit d'un bond la distance qui l'en séparait. Je m'approchai à mon tour et lâchai un hoquet d'horreur.

Marc Guyaucourt, si c'était lui, était indubitablement mort. On l'avait sauvagement égorgé. Sur son torse nu et maculé de sang, d'étranges signes tracés à la peinture noire sentaient le maléfice à vingt lieues. Son visage et son cou portaient la trace d'affreuses lacérations. Ses yeux ouverts, ses traits convulsés, exprimaient une indicible terreur.

– Est-ce l'apothicaire ? interrogeai-je à voix basse.

– Oui, répondit mon oncle. Et il vaudrait mieux que sa femme ne le voie pas dans ce triste état. Empêche-la de venir ici.

Il se pencha et referma les paupières du malheureux. J'allais remonter quand le prévôt entra, suivi de dame Isabelle. Apercevant son époux sans vie, elle voulut se précipiter. Je la retins par le poignet. Des larmes roulèrent sur ses joues. Comme je relâchais ma prise, elle referma sa main sur la mienne. Et moi, indifférent au mort, j'éprouvai un plaisir inouï à sentir ces doigts de femme s'emmêler à mes doigts. Bientôt, la honte me saisit et je me dégageai à regret. Le prévôt s'agenouilla à côté de mon oncle et demanda :

– Qui a pu causer de pareilles blessures ?

– Une bête fauve, répondit mon oncle, ou une engeance plus redoutable encore…

Étienne de Béroul redressa sa haute taille et observa les lieux. Je l'imitai. Comme je l'ai dit, j'avais déjà visité le laboratoire d'un alchimiste et je reconnus l'athanor, le fourneau dans lequel doit cuire l'aludel, l'œuf alchimique. Il était allumé et le rougeoiement des braises nous parvenait au travers d'un regard ménagé en son centre.

J'aperçus sur une table des creusets, des appareils à distillation, des flacons emplis de substances mystérieuses. Des livres étaient alignés sur une étagère. Mon oncle fit le tour de la pièce et s'arrêta soudain, fixant le sol. Je suivis la direction de ses yeux et aperçus sur le dallage une figure insolite tracée à la peinture.

– Qu'est-ce donc ? interrogea Tristan de Clères.

Mon oncle hocha la tête avec embarras.

– Cela ne concerne pas les pratiques alchimiques, mais la magie la plus noire qui soit. Les sorciers les nomment pentacles et s'en servent pour convoquer les démons.

Il me sembla qu'un souffle glacé traversait la pièce. Dame Isabelle prit sa tête entre ses mains et étouffa un cri d'angoisse. Les hommes du prévôt reculèrent et s'immobilisèrent au pied des escaliers, guettant les ombres, prêts à fuir à la première alerte.

Refusant de céder à la panique, je parcourus la pièce des yeux et m'attardai sur le cadavre, sur ses doigts crispés, sur sa face livide. Quelque chose sonnait faux dans tout cela, mais je n'aurais encore pu dire quoi. Un regard à dame Isabelle me donna le courage de prendre la parole. Je dis d'une voix qui se voulait assurée :

– Pourtant, s'il s'agissait d'une mise en scène…

– Qu'entendez-vous par là ? me demanda Tristan de Clères.

Il me scrutait avec un intérêt si passionné que j'en fus flatté. Je notai que le voile de douleur qui obscurcissait les traits de dame Isabelle s'était brutalement levé. Poussant mon avantage, je poursuivis :

– Imaginez qu'on ait voulu masquer un banal assassinat en crime démoniaque.

Je m'attendais à des hauts cris mais un silence pesant accueillit mes paroles. Mon oncle, cependant, m'observait avec bienveillance.

– Mon neveu Jean parle d'or, déclara-t-il, et croyez-moi, monsieur de Clères, ses intuitions sont dignes d'intérêt. Je connaissais le défunt, il n'avait rien d'un suppôt de Satan. Alors, ne nous laissons pas abuser par les signes ! Êtes-vous certaine, dame Isabelle, que personne, hormis votre mari, ne possède une clé de ce laboratoire ? Un domestique ? Un ami ?

La malheureuse jeune femme répondit, totalement désemparée :

– Je vous l'ai dit, mon mari avait un goût morbide du secret. D'ailleurs, il gardait toujours sa clé dans une bourse attachée à sa ceinture.

Aussitôt, le prévôt s'agenouilla et fouilla dans le petit sac de cuir fixé à la taille du cadavre. Quand il se releva, il était d'une pâleur mortelle et je constatai que ses mains tremblaient.

– Quelle est cette diablerie ? Elle n'y est pas !

Dame Isabelle se mordit les lèvres et je crus qu'elle allait défaillir.

Le prévôt inspecta le corps puis le poussa légèrement afin de vérifier si la clé n'avait pas glissé dessous. N'en découvrant nulle trace, il se tourna vers ses hommes et aboya :

– Il nous faut savoir où est cette clé ! Cherchez-la !

On rapporta des flambeaux et chacun se mit à explorer la cave. Je portai mon attention sur la table. Un pot rempli d'une peinture noire et grasse s'y trouvait, celle assurément qui avait servi à tracer les signes sur le torse du mort et sur le sol. Intrigué, je pris le pinceau et le reposai vivement, car l'épais liquide qui recouvrait le manche avait poissé mes doigts. Je les essuyais sans succès sur un bout de tissu qui était là quand un cri me fit sursauter.

– La voilà, regardez !

Effaré, l'un des hommes du prévôt désignait l'ouverture pratiquée dans l'athanor. Je le rejoignis. Posée sur les braises, la clé luisait d'un éclat sourd.

Les yeux fous, Tristan de Clères poussa son subalterne. Il empoigna des pincettes et la saisit. Mais dans sa précipitation, il trébucha. La clé décrivit un court arc de cercle et tomba sur le ventre du cadavre. Il y eut un grésillement, suivi d'une ignoble odeur de chair grillée. Nous étions tétanisés par l'horreur, car il était difficile de ne pas interpréter l'événement comme une diablerie supplémentaire.

Dame Isabelle reprit la première son sang-froid. Elle arracha les pincettes des mains du prévôt, saisit prestement la clé et la jeta dans un seau où elle s'enfonça dans un nuage de vapeur sifflante. Je ne pouvais détacher mes yeux de la trace nette et violacée qu'avait laissée la clé sur la peau du défunt. Dame Isabelle, dans un sanglot, ôta son manteau pour en recouvrir la dépouille de son mari.

Tristan de Clères sembla recouvrer ses esprits. Avisant la pièce de toile dont je m'étais servi pour essuyer mes doigts, il s'en empara puis, plongeant la main dans l'eau, il en retira la clé qu'il frotta vigoureusement. Pendant ce temps, sur la prière de dame Isabelle, deux hommes emportèrent le corps de maître Guyaucourt.

Quand ils eurent disparu par l'escalier, Tristan posa le morceau de tissu et tendit la clé sèche à mon oncle qui l'introduisit dans la serrure. Il força un peu mais parvint à faire coulisser le pêne.

Interloqué, il se tourna vers dame Isabelle.

– Pour la troisième fois, madame, confirmez-vous qu'à l'exception de maître Guyaucourt, personne ne possédait la clé de cette cave ?

La jeune femme acquiesça.

– Alors voilà la plus vilaine affaire de diablerie dont j'aie été témoin car, même si j'ai peine à l'admettre, tout porte à croire que votre mari se livrait à la sorcellerie et pactisait avec les démons…

Dame Isabelle porta la main à son front et perdit connaissance. Ses domestiques s'empressèrent autour d'elle puis l'emmenèrent, toujours inconsciente. Le prévôt renvoya ses hommes et nous restâmes seuls, mon oncle, lui et moi.

– Ainsi, monsieur de Béroul, vous pensez sérieusement qu'une créature démoniaque a tué l'apothicaire ?

– Je le redoute, répondit Étienne. Maître Guyaucourt était seul dans sa cave. On le retrouve assassiné d'atroce manière. Sur son corps, à ses pieds, des figures maléfiques. La porte est fermée de l'intérieur et la seule clé qui permet de l'ouvrir repose sur des braises. Comment ne pas reconnaître derrière cela la griffe du diable ?

– Pardonnez-moi, mon oncle, dis-je alors, mais s'il ne fait nul doute que le diable a inspiré ce crime, je pourrai peut-être prouver que c'est un humain qui l'a commis.

– Qu'as-tu découvert ? s'étonna mon oncle.

– Oh, un minuscule détail que j'avais enregistré sans y prendre garde et que ma mémoire vient de me restituer.

Je m'adressai au prévôt :

– Me permettez-vous d'examiner le cadavre ?

Il fronça les sourcils et me montra les escaliers. Nous remontâmes. Tristan de Clères héla un domestique qui nous conduisit dans la chambre où l'on avait déposé le corps de l'apothicaire. Il gisait sur un lit, recouvert d'un drap. J'inspectai ses mains. Elles étaient immaculées. Je montrai alors mes doigts souillés à mon oncle et au prévôt. Ils les regardèrent sans comprendre.

– Cela, expliquai-je, est la peinture qui a servi à tracer les signes cabalistiques sur la poitrine de maître Guyaucourt et sur les dalles. Nous sommes en droit de supposer qu'œuvrant seul, l'apothicaire est nécessairement l'auteur de ces opérations. Or le manche du pinceau est recouvert de cette substance extrêmement difficile à ôter. Je m'y suis essayé en vain dans la cave et je pense qu'il me faudra force eau chaude et savon pour y parvenir.

Je montrai la main droite de Tristan de Clères.

– D'ailleurs, voyez ! Cette peinture est si poisseuse qu'en voulant nettoyer la clé avec le chiffon dont je me suis servi, vous vous en êtes mis sur l'index et le pouce.

Mon oncle ne pipa mot mais je vis qu'il me considérait avec fierté.

– Donc, vous pensez... commença le prévôt en se frottant machinalement les doigts.

– Je pense que maître Guyaucourt n'était pas seul et qu'un autre que lui est à l'origine des signes tracés sur sa peau ! triomphai-je.

Repoussant le drap qui masquait le cadavre, je scrutai son torse et lâchai un cri de joie.

– Tenez ! En plusieurs endroits, la peinture recouvre le sang qui a coulé des blessures. On l'a donc utilisée après la mort de maître Guyaucourt ! Bien naïf qui croyait nous abuser !

Le prévôt, stupéfié par mes découvertes, restait coi mais mon oncle, enthousiaste, s'exclama :

– Force est de conclure qu'il n'y a aucune diablerie là-derrière mais, comme tu l'as évoqué, Jean, un crime diaboliquement maquillé ! Qui avait intérêt à la mort de l'apothicaire ? Il nous faudra le découvrir.

Tristan de Clères hocha la tête comme s'il ruminait les mêmes interrogations. Il ne pouvait détacher ses yeux de la cicatrice violacée qu'avait laissée la clé sur le cadavre.

– Mais comment démasquer l'assassin ? dit-il enfin.

– Trouvons le double de la clé et nous l'aurons ! lui assurai-je avec conviction. Commencez par questionner les domestiques afin de savoir avec qui maître Guyaucourt menait ses recherches alchimiques.

Les interrogatoires se prolongèrent fort avant dans la journée. Mais ils ne nous apportèrent que des réponses décevantes. L'apothicaire pratiquant l'alchimie quand sa maisonnée était endormie, pas un de ses domestiques n'aurait pu dire s'il recevait des visites.

L'examen attentif de ses nombreux livres ne révéla aucun grimoire de magie noire qui permît de justifier l'étrange rituel au cours duquel il avait trouvé la mort.

Un jour passa sans que l'enquête avançât d'un pouce. Je ne pouvais m'empêcher d'y songer continûment, envisageant toutes les hypothèses possibles, me perdant dans des conjectures plus extravagantes les unes que les autres. Il me semblait pourtant que la clé de l'énigme était à ma portée, que je l'avais vue mais que j'avais été incapable de la reconnaître.

Dans l'attente que l'on portât son mari en terre, dame Isabelle vivait retirée, en proie à d'irrépressibles langueurs. Je ne l'avais revue qu'une fois et j'avais été de nouveau bouleversé par sa douloureuse beauté. Ses traits tirés, ses yeux rouges, témoignaient de sa peine. *Tota pulchra es amica mea et macula non est in te*[1], allais-je répétant.

Sans répit, l'image de cette femme me hantait et le désir farouche de découvrir le meurtrier de son mari m'obnubilait, tant mon espoir était grand qu'elle me distinguât. Pour la première fois, je doutais de ma vocation. Pour la première fois, il m'apparaissait que le bonheur pouvait être ailleurs que dans une vie consacrée à l'étude ou aux livres. Ailleurs que dans une vie tout entière offerte à Dieu. Mais ces pensées impies m'emplissaient de honte et je m'empressai de les refouler au plus profond de moi.

Le lendemain, un nouveau coup de théâtre bouleversa la bonne ville de Mirecourt. Vers none[2], mon oncle fut appelé au chevet de Tristan de Clères qui était au plus mal, selon l'homme qui nous vint quérir. Nous nous rendîmes chez le prévôt et le trouvâmes alité. Sa pâleur extrême soulignait sa troublante beauté. Un chirurgien achevait de le panser.

1. « Tu es toute belle, mon amie, et il n'y a point en toi de défaut. » *Le Cantique des cantiques*, chap. IV, 7.
2. Environ 14h45.

– Que vous arrive-t-il ? interrogea mon oncle.

Le prévôt sourit d'un air épuisé et montra son côté blessé.

– J'ai rencontré l'assassin de maître Guyaucourt…

Il haussa les épaules et ajouta :

– Le gredin m'a percé le flanc et moi, je l'ai tué.

– Dame Isabelle a-t-elle été mise au courant ? demandai-je, mortifié que cet homme si séduisant eût débrouillé les fils d'une énigme que je pensais résoudre tôt ou tard.

– Oui. L'un de mes sergents l'en a informée voilà une heure.

Je me renfrognai tandis que mon oncle s'exclamait :

– Quelle surprise, et quel succès ! Je brûle d'apprendre comment vous avez élucidé cette singulière affaire !

Tristan de Clères tenta de se redresser mais un rictus de souffrance déforma ses traits. Il se rallongea.

Sa voix était altérée quand il dit :

– Ce matin, dame Isabelle m'a fait mander chez elle. Elle m'a accueilli, très agitée, et m'a annoncé s'être souvenue d'un homme auquel son défunt époux faisait parfois allusion : Grégoire Bailly, un négociant en drap bien connu à Mirecourt. Comme ce dernier avait connu de sérieux revers de fortune, maître Guyaucourt lui prêtait régulièrement d'importantes sommes d'argent. Un jour que sa femme s'étonnait de sa générosité, son époux lui a avoué être lié à cet homme par les recherches qu'ils menaient conjointement. Peu avant sa mort, il avait promis à dame Isabelle d'interrompre ses prêts et d'exiger le remboursement rapide de ceux qu'il avait déjà consentis. Fort de ces renseignements, je me suis rendu chez le drapier...

– Seul ? m'étonnai-je.

– Oui. Je désirais simplement m'entretenir avec lui. Bailly m'a reçu bien cordialement mais quand je lui ai exposé le motif de ma visite, j'ai constaté sa grande nervosité. Je lui ai demandé s'il me serait possible de visiter son laboratoire. Il a hésité puis m'a conduit dans une cave semblable à celle que nous avons découverte chez maître Guyaucourt. Par pure provocation, j'ai alors fait allusion à ses dettes. Bailly s'est-il cru perdu ? Était-il tenaillé par les remords ? Il a empoigné un couteau et s'est jeté sur moi comme un possédé. Je suis parvenu à dévier son coup qui a traversé mon côté, sans dommage heureusement, et lui ai passé mon épée au travers du corps, le laissant mort.

– Mais comment êtes-vous sûr que c'est lui le coupable ? s'étonna mon oncle.

– Voyez plutôt ce que j'ai découvert dans son laboratoire...

Tristan de Clères désignait une console placée à l'extrémité de la pièce. Nous nous en approchâmes. Une clé et un étrange instrument formé de cinq lames soudées côte à côte y étaient posés. La clé ressemblait à celle que nous avions retrouvée dans l'athanor, quant aux lames salies de sang séché, c'étaient sans nul doute celles qui avaient servi à infliger au malheureux apothicaire les horribles blessures qui avaient causé son décès.

– Voici donc la raison de ce crime abject, murmura mon oncle, la cupidité.

– Oui, confirma le prévôt. Il n'est point difficile d'imaginer les faits à présent. Maître Guyaucourt a réclamé son argent. Ne voulant ou ne pouvant le rembourser, le drapier a conçu cette vile machination et forgé son arme monstrueuse. Pour beaucoup, l'apothicaire avait une réputation sulfureuse. Bailly a tenté d'exploiter la crédulité de nos concitoyens en simulant un crime démoniaque.

Le prévôt se tourna vers moi.

– Pouvait-il deviner qu'un des enquêteurs posséderait votre incroyable sens de l'observation ? Sans vous, nous en serions restés à nos premières conclusions !

Je le remerciai et, tandis que mon oncle s'entretenait avec lui, j'observai mélancoliquement la clé. Ainsi, songeai-je, cette affaire était close. Bientôt, je reprendrais ma route pour Soligny comme si ces deux jours n'avaient jamais existé.

Une fois encore, le souvenir de dame Isabelle s'imposa à moi. Je la revis, si belle dans la cave, le reflet des torches dansant dans ses prunelles. Je la revis, quand, pétrifiés d'horreur, nous ne pouvions détacher nos yeux de la clé qui consumait les chairs de son époux, trouver la force d'arracher les pincettes de la main du prévôt et…

Mon cœur cessa de battre.

Une image floue dansait devant mes yeux, une figure violacée dessinée au fer rouge : le signe que je cherchais depuis deux jours et que je n'avais pas su voir ! Je subtilisai la clé posée sur la console, la dissimulai discrètement dans ma coule[1] et, sur un vague prétexte, m'éclipsai.

Quelques minutes me suffirent pour couvrir la distance qui me séparait de chez l'apothicaire. J'entrai dans la cour et me hâtai vers la porte du laboratoire que l'on avait grossièrement remise en place. J'essayai la clé. Elle fonctionnait parfaitement. Je montai les escaliers et frappai à la porte. Une servante m'ouvrit et m'annonça que dame Isabelle était à l'église où elle priait.

Incapable d'attendre le retour de sa maîtresse, je suppliai la jeune femme de me laisser voir une dernière fois le mort. Comme elle m'avait croisé à plusieurs reprises en compagnie de mon oncle et de Tristan de Clères, et qu'elle avait pour moi le respect dû à un homme d'Église, elle me condui-

1. Long vêtement à capuchon de certains religieux.

sit dans la chambre où l'on avait installé le corps du défunt. Il y faisait froid et le cadavre, éclairé par deux candélabres, était parfaitement conservé. On l'avait lavé, habillé, et un foulard dissimulait sa gorge. La servante se signa et me laissa seul.

Conscient de la gravité de mon geste, je relevai le surcot et la chemise dont on avait revêtu maître Guyaucourt. Sur son ventre, la clé brûlante avait imprimé la forme exacte du panneton. Je le comparai avec celui de la clé que j'avais tirée de ma poche. Mon intuition était juste ! Ils se ressemblaient, certes, mais leurs découpes étaient sans nulle équivoque dissemblables. La clé que Tristan de Clères avait trouvée dans l'athanor n'avait pu servir à fermer la porte du laboratoire ! Comment mon oncle avait-il actionné le pêne avec ?

– Qui vous a permis d'entrer ici ?

Je fis volte-face. Dame Isabelle me dévisageait. Ses beaux yeux flamboyaient, emplis d'une rage qui m'effraya. Elle rejoignit le lit et rajusta avec brusquerie les vêtements que j'avais soulevés.

– Comment vous, un homme d'Église, avez-vous pu profaner la dépouille de mon…

Elle s'interrompit en voyant la clé dans ma main. Je la lui tendis et dis d'une voix misérable :

– Ma dame, si vous ne contenez votre colère et ne daignez m'écouter, le meurtrier de votre mari restera impuni.

Le sang reflua de ses joues.

– Que me contez-vous là ? balbutia-t-elle. Vous perdez la tête, l'assassin de Marc est mort ! Tristan de Clères l'a tué de sa main !

Je secouai la tête.

– Comme nous, vous avez été abusée. J'ai acquis la preuve que le prévôt a menti et que c'est peut-être lui le coupable !

Elle voulut me contredire mais, non sans une certaine vanité, je lui annonçai ma découverte et achevai par ces mots :

– Tristan de Clères a substitué la véritable clé à celle qui a été retrouvée dans la cave. La seule explication plausible est qu'il la tenait cachée sous ses vêtements. Auquel cas, c'est lui qui a refermé la porte et donc…

Dame Isabelle tourna ses yeux vers le corps allongé et termina d'une voix blanche :

– Donc tué Marc. Mais pourquoi aurait-il commis pareil crime ? C'est absurde…

– Comment le saurais-je ? Sans doute y avait-il entre votre époux et lui des liens que nous ignorons et que l'enquête permettra de découvrir.

– L'enquête ? reprit-elle sur un ton alarmé.

Remettant la clé dans ma poche, je précisai :

– Mon devoir est d'informer mon oncle. Il rendra compte de ma découverte aux autorités. Tristan de Clères sera arrêté puis interrogé afin de…

– Si vous faites cela, je mourrai !

Dame Isabelle s'était avancée si près que sa robe frôlait ma coule. Un parfum musqué, entêtant, emplit mes narines. Troublé, je voulus reculer. Elle me retint.

– Que savez-vous de l'amour, Jean de Cidenne ? De la passion ?

Je rougis et baissai les yeux. Elle saisit mon menton et me força à affronter son regard.

– Eh bien, Jean, moi je sais ce qu'est la passion et ce à quoi elle peut conduire ! Oui, vous avez vu juste : Tristan a tué mon mari ! Par amour pour moi ! Et moi, je suis sa complice et je le suivrai au gibet si d'aventure on le condamne ! Nous nous aimons depuis bientôt deux ans sans que quiconque à Mirecourt en ait eu vent. Et notre amour est si fort, si dévorant, si exclusif, que...

J'eus un violent haut-le-corps et voulus échapper à sa prise mais elle resserra ses mains sur mon visage et mon cou. Un frisson parcourut mon corps, infâme et délicieux tout à la fois.

– Qui a prémédité ce crime ? murmurai-je, vaincu.

Un air de défi dansait sur ses lèvres.

– Moi et moi seule ! C'est moi qui ai eu l'idée de cette mascarade, moi qui ai dessiné la croix renversée, moi qui ai souhaité appeler votre oncle, si prompt d'ordinaire à voir le diable partout, moi enfin qui ai pensé à intervertir les clés !

À la nuit tombée, j'ai frappé à la porte du laboratoire. Marc m'a ouvert. Tristan s'est jeté sur lui et l'a tué à l'aide d'un instrument que j'avais imaginé afin d'imiter les blessures provoquées par des griffes. Ensuite, nous avons tracé sur sa poitrine les signes qui ont tant effrayé ceux qui l'ont découvert puis dessiné le pentacle. Nous avons glissé une fausse clé dans sa bourse afin que tous soient convaincus qu'il était seul au moment de sa mort et nous sommes sortis après avoir verrouillé la porte, certains que l'on attribuerait son décès à une cause surnaturelle. Les bonnes gens jasent à Mirecourt et ses travaux nocturnes en inquiétaient plus d'un.

– Attendez, quelque chose m'échappe ! m'écriai-je. La clé a été retrouvée dans les braises !

Dame Isabelle se serra contre moi et, malgré mon horreur pour son crime, je ne me dérobai pas.

– Effectivement, un événement est arrivé que nous n'avions pas prévu mais qui s'est révélé être une bénédiction, en définitive… Quand les hommes de Tristan ont enfoncé la porte, j'ai cru perdre la tête. D'où provenait cette odeur épouvantable qui jaillissait de la cave ? Ensuite, quand Tristan a voulu prendre la fausse clé dans la bourse pour l'échanger avec la bonne, elle n'y était plus ! Sur le moment, j'ai cru à une authentique intervention démoniaque, tout comme

Tristan d'ailleurs, et notre terreur n'était pas feinte. Nous avons cependant trouvé la force de jouer nos rôles jusqu'au bout. C'était compter sans votre redoutable intelligence... J'ai bien cru la partie perdue quand Tristan m'a annoncé que vous aviez découvert notre supercherie.

Dame Isabelle se lova plus étroitement contre moi et je retins un gémissement. J'aurais voulu la repousser mais mes bras ne m'appartenaient plus. Elle murmura :

– Voyez-vous, Jean, il n'était pas écrit que nous ayons à payer pour notre amour, car il est pur. Et grand ! Pendant l'après-midi, j'ai reçu la visite de Grégoire Bailly, un personnage détestable qui devait beaucoup d'argent à mon mari. Il m'a annoncé nous avoir vus la veille au soir sortir de la cave alors qu'il venait le rejoindre. Ce scélérat possédait un double de la clé. Intrigué par notre manège, il a attendu que nous disparaissions puis est descendu. Bailly a immédiatement compris notre stratagème et quel profit il pouvait en tirer. Pour parachever notre œuvre, il a jeté la fausse clé dans les braises puis a mélangé divers produits de sa connaissance afin de produire l'odeur pestilentielle qui nous a épouvantés. Ensuite, il a déguerpi.

Elle se tut. Son corps consumait le mien. J'avais envie que cet instant dure à jamais.

– Pourquoi ne vous a-t-il pas dénoncés ?

– Parce qu'il voulait de l'argent. Beaucoup d'argent pour son silence. Tristan s'est mis dans une fureur noire quand je lui ai appris les exigences de Bailly. Il était prêt à lui céder. Mais je lui ai montré l'usage providentiel que nous pouvions faire de ce misérable : il était notre salut. Tristan s'est rendu chez lui et l'a tué.

– En prenant soin de récupérer le double de la clé et en feignant de retrouver l'arme du crime. Maintenant, je comprends pourquoi vous avez réagi si promptement quand la clé a chu sur le ventre de votre mari et pourquoi vous avez recouvert son corps de votre manteau. Vous redoutiez que l'un d'entre nous se rende compte de votre duperie ! Et si je n'avais bien tardivement compris ce que…

Dame Isabelle se détacha de moi et posa ses mains sur mes épaules. Ses grands yeux étaient baignés de larmes.

– Maintenant, Jean de Cidenne, ma vie vous appartient. Si vous parlez, Tristan mourra. Et moi tout aussi sûrement.

Comment raconter la tempête qui se déchaîna sous mon crâne ? Comment dire les affres, les tortures, les tourments dont ma pauvre âme fut le théâtre ? Je me devais de dénoncer les crimes odieux dont cette femme et son amant s'étaient rendus coupables et je ne le pouvais pas.

La livrer à la justice et au bourreau était au-dessus de mes forces et ce que je découvrais de moi m'épouvantait. Pour elle, je me savais capable de mentir. « Pour elle, pensai-je avec effroi, j'aurais été capable de commettre les actes que Tristan de Clères a commis ! »

Sa bouche était sur mon cou. Je l'entendis me dire dans un souffle :

– Jean, use de moi comme tu l'entends, mais tais-toi, pour l'amour de Dieu !

La moitié d'un siècle a passé mais jamais je n'ai oublié la chaleur de sa peau sur la mienne. Qu'est-elle devenue ? Comment a-t-elle vécu avec le souvenir de ses forfaits ? S'est-elle parfois souvenue de moi ?

Dès le lendemain, contre l'avis de mon oncle, je me mis en chemin, malgré la neige tombée en abondance pendant la nuit. Je marchai des jours et des jours durant, me nourrissant à peine, broyé par le chagrin, m'abrutissant de prières que je répétais inlassablement, jusqu'à ce que mon esprit s'obscurcît et que je ne comprisse rien aux paroles que je prononçais. Quand j'arrivai au monastère de Soligny, je m'effondrai et gardai le lit plus d'un mois, délirant, terrassé par la fièvre.

Un matin, mes jambes furent de nouveau capables de me porter, je prononçai mes vœux et renonçai au monde. Ce scriptorium devint mon havre de paix et de silence. Je me mis à l'ouvrage car, dit-on, le travail est un remède souverain contre les douleurs du souvenir.

Quand le doute parfois venait me saisir, je me répétais les mots de saint Waast comme on pique de l'aiguillon le bœuf qui rechigne à avancer : *Scribe, autant de lignes, autant de points il y a dans ton livre, autant de fautes te sont remises.*

Mes fautes me seront-elles remises ? Je ne sais car elles sont effroyables. Je me suis efforcé de gagner la sagesse et l'oubli par l'étude. Y suis-je parvenu ? Au soir de ma vie, je ne saurais l'affirmer. *Eo quod in multa sapientia multa sit indignatio et qui addit scientiam addat et laborem*[1].

Voilà, tout est dit. J'abandonne ces mots sur le vélin comme l'arbre se dépouille de ses feuilles, l'hiver venu, mais sans espoir de renouveau. Il n'y aura pas de second printemps à ma vie.

Et qu'à l'heure dernière, si mes ultimes pensées vont vers elle, veuille mon Seigneur me pardonner, pour que je sois digne enfin de Sa miséricorde et de Son amour.

1. « Car avec beaucoup de sagesse on a beaucoup de chagrin, et celui qui augmente sa science augmente sa douleur. » *L'Ecclésiaste*, chap. I, 18.

LES AUTEURS

Brigitte Aubert écrit des scénarios et elle est programmatrice de cinéma. Elle est également l'auteur de romans pour la jeunesse. Mais elle est surtout une spécialiste du roman policier.
Elle a publié au Seuil de nombreux romans dont *Les quatre Fils du Dr March*, *Ténèbres sur Jacksonville*, *La Mort des Neiges*, et des romans pour la jeunesse avec Gisèle Cavali chez Magnard Jeunesse, au Seuil Jeunesse et chez Rageot : *Panique aux urgences* et *Seules dans la nuit*.
La Mort des Bois a obtenu le Grand Prix de la littérature policière 1997.
Son œuvre est traduite dans plus de quinze langues.

Gisèle Cavali a exercé plusieurs métiers comme ouvreuse de cinéma, animatrice de radio libre ou décoratrice pour le cinéma. Elle a réalisé plusieurs courts métrages, et écrit des scénarios dont un qui lui a valu d'être lauréate de la Villa Médicis Hors les Murs en 1988.
Elle a publié, en 1999, son premier roman au Seuil sous le pseudonyme de Lauren Conti.
Elle écrit également pour la jeunesse, avec Brigitte Aubert.

Originaire de Bretagne, **Évelyne Brisou-Pellen** vit à Rennes avec sa famille après avoir passé sa petite enfance au Maroc.

Elle poursuit des études de lettres afin de se consacrer à l'enseignement. Mais l'éducation de ses deux fils puis la découverte et la passion de l'écriture la détournent d'une carrière de professeur. Aujourd'hui elle n'en rencontre pas moins beaucoup d'enfants et d'adolescents dans les classes lors des animations qui sont organisées autour de ses romans.

Publiée par de nombreux éditeurs (Hachette, Gallimard, Milan...) elle a signé entre autres *À l'Heure des Chiens*, *Un si terrible Secret* et la série *La tribu de Celtill* chez Rageot.

Christian Grenier est né à Paris en 1945. Depuis 1990, il vit de sa plume… dans le Périgord.
On lui doit cent cinquante nouvelles, quatre pièces de théâtre et une vingtaine de scénarios de dessins animés pour la série *Les Mondes engloutis* et *Rahan*. Amoureux de toutes les littératures, il a publié près de cent romans dans des domaines très différents : la mythologie (*Contes et légendes des Héros de la mythologie*, Nathan Jeunesse), l'histoire (*Août 44, Paris sur scène*, Nathan Jeunesse), la S.-F. (*Virus LIV 3 ou La Mort des Livres*, Hachette Jeunesse), mais aussi l'humour (*Tonton la bricole*, Rageot) ou le roman traditionnel (*Écoland*, Rageot).
Avec *La Fille de 3e B* et *Le Pianiste sans Visage*, il a relaté le destin sentimental de deux adolescents sur fond de musique classique.
Mais c'est dans le roman policier (collection Heure noire, Rageot Éditeur) qu'il s'est, récemment, le mieux épanoui, avec son héroïne Logicielle. Cette jeune informaticienne mène enquête sur enquête entre Paris et Périgord (*Des nouvelles de Logicielle*), dans le milieu du théâtre (*Coups de théâtre*), de l'informatique (*Big Bug*, *L'Ordinatueur*), des orchestres symphoniques (*Arrêtez la musique !*), sur le Net (*@ssassins.net*) et jusqu'à l'île de la Réunion (*Simulator*) !

Jean Molla est né à Oujda, au Maroc, en 1958. Il a d'abord fait le désespoir de ses parents en se livrant à diverses activités saugrenues (apiculteur, professeur de guitare classique, guide de musée). Aujourd'hui, il habite Poitiers et partage équitablement son temps entre son fils, ses activités de professeur de français, la lecture, la musique, les amis et, quand il lui reste un peu de temps, l'écriture.

Il aime particulièrement les ambiances noires et écrire des romans aux personnages forts, comme *Coupable idéal* et la série *Les Revenants* pour Rageot, ou *Que Justice soit faite* pour Grasset Jeunesse.

Alain Surget est né en 1948 à Metz. Il s'est d'abord lancé dans la poésie puis le théâtre avant de se découvrir une passion pour le roman.
À la fois rêves de jeunesse et désirs de voyages, ses ouvrages traduisent les grands thèmes qui le fascinent : les luttes de classes et de races, les rapports entre le monde moderne et les grandes forces ancestrales, la vengeance, le destin, et surtout la lutte de l'homme avec la nature et la solitude comme dans *Le Fils des Loups* pour Rageot.
Récemment, il s'est intéressé à l'Égypte antique dans *Le Complot du Nil*, *Le Triomphe des Lionnes* ou *Il faut sauver Cléopâtre* (Castor Poche).

DANS LA MÊME COLLECTION

YVES PINGUILLY
LE BALLON D'OR
RAGEOT

HÉLÈNE MONTARDRE
L'AGENDA
RAGEOT

ÉVELYNE BRISOU-PELLEN
Un si terrible secret
RAGEOT

Retrouvez la collection

RAGEOT Romans

sur le site www.rageot.fr

PAPIER À BASE DE FIBRES CERTIFIÉES

RAGEOT s'engage pour l'environnement en réduisant l'empreinte carbone de ses livres. Celle de cet exemplaire est de :
450 g éq. CO_2
Rendez-vous sur www.rageot-durable.fr

Achevé d'imprimer en France en décembre 2016
sur les presses de Jouve, Mayenne
Dépôt légal : mars 2017
N° d'édition : 5448 - 01
N° d'impression: 2479021Z